La France des régions

© Presses universitaires de Grenoble
BP 47 – 38040 Grenoble cedex 9
Tél : 04 76 82 56 51 – Fax : 04 76 82 78 35
e-mail : pug@upmf-grenoble.fr
ISBN : 2 7061 0801 0

René BOURGEOIS
Simone EURIN

La France des régions

Presses universitaires de Grenoble
1998

A paraître en 1999, dans la même collection

La France au quotidien, niveaux 1 et 2
Les Institutions françaises, niveaux 3 et 4

Dans la même collection

FRANÇAIS GÉNÉRAL

Niveau 1

M.-L. CHALARON, R. ROESCH
La grammaire autrement
Sensibilisation et pratique
avec corrigé des exercices
138 pages, format 17 x 25 cm – 48 F

D. ABRY, M.-L. CHALARON
La grammaire des premiers temps
avec corrigé des exercices
260 pages, format 17 x 25 cm – 90 F
Cassette de La grammaire des premiers temps
90 mn – 80 F

Niveau 2

C. DESCOTES-GENON, M.-H. MORSEL,
C. RICHOU
L'Exercisier
Exercices de grammaire
pour niveau intermédiaire
336 pages, format 17 x 25 cm – 90 F
Corrigé des exercices
80 pages, format 17 x 25 cm – 50 F

Niveau 4

Ch. ABBADIE, B. CHOVELON, M.-H. MORSEL
L'expression française écrite et orale
200 pages, format 17 x 25 cm – 65 F
Corrigé des exercices de L'expression française
52 pages, format 17 x 25 cm – 50 F

FRANÇAIS DE SPÉCIALITÉ

Niveaux 2 et 3

C. DESCOTES-GENON, R. ROLLE-HAROLD,
E. SZILAGYI
La Messagerie
Pratique de la négociation commerciale
en français
160 pages, format 21 x 29,7 cm – 90 F
Corrigé des exercices de La Messagerie
32 pages, format 21 x 29,7 cm – 28 F
Cassette de La Messagerie, 60 mn – 60 F

E. SZILAGYI, *Affaires à faire*
Pratique de la négociation d'affaires
en français
160 pages, format 21 x 29,7 cm – 72 F
Corrigé des exercices de Affaires à faire
32 pages, format 21 x 29,7 cm – 28 F

J. LAMOUREUX, *Les Combines du téléphone*
Pratique de la communication téléphonique
en français
avec transcription des textes complémentaires
de la cassette
90 pages, format 17 x 25 cm – 50 F
Cassette des Combines du téléphone, 60 mn – 60 F

C. DESCOTES-GENON, S. EURIN, R. ROLLE-
HAROLD, E. SZILAGYI, *La Voyagerie*
Pratique du français du tourisme
240 pages, format 21 x 29,7 cm – 90 F
Corrigé des exercices de La Voyagerie
64 pages, format 21 x 29,7 cm – 50 F
Cassette de La Voyagerie, 90 mn – 80 F

C. DESCOTES-GENON, E. SZILAGYI
Service compris
Pratique du français de l'hôtellerie,
de la restauration et de la cuisine
230 pages, format 21 x 29,7 cm – 98 F
*Corrigé des exercices et guide pédagogique de Service
compris* 64 pages, format 21 x 29,7 cm – 50 F
Cassette de Service compris, 120 mn – 80 F

Avertissement

Les différentes parties de ce livre forment un tout et se complètent : si l'essentiel des informations se trouve dans le texte, les exercices, leur corrigé, le glossaire et les légendes des illustrations sont utilisés pour donner des précisions et pour stimuler la curiosité du lecteur. Ainsi chacun est-il invité à procéder à quelques recherches simples dans un dictionnaire, un guide touristique, une revue, une publicité. Certaines réponses aux exercices restent «ouvertes» et nous incitons celui qui découvre les aspects variés – et parfois déconcertants – de la France à faire lui-même un parallèle avec son propre pays.

Notre méthode, qui résulte d'une longue pratique de la classe de civilisation, n'a rien de rigide, et nous espérons qu'elle sera, autant qu'un facteur de connaissances, une source de plaisir.

René Bourgeois, professeur émérite à l'université Stendhal à Grenoble, a dirigé le Comité de patronage des étudiants étrangers et enseigné la littérature, la civilisation et la langue.

Simone Eurin est professeur au Centre universitaire d'études françaises où elle enseigne la langue et la civilisation.

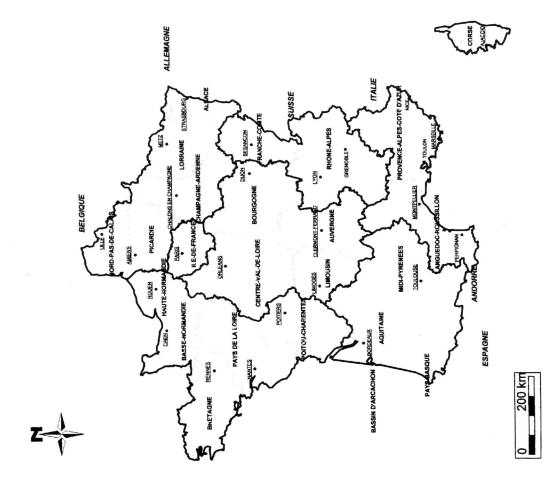

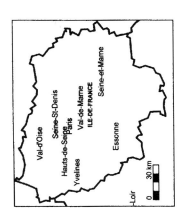

Val-d'Oise
Seine-St-Denis
Hauts-de-Seine
Paris
Yvelines
Val-de-Marne
ILE-DE-FRANCE
Seine-et-Marne
Essonne

Loir

0   30 km

ALLEMAGNE
BELGIQUE
SUISSE
ITALIE
ESPAGNE
ANDORRE

NORD-PAS-DE-CALAIS
LILLE
AMIENS
PICARDIE
METZ
LORRAINE
STRASBOURG
ALSACE
CHALONS EN CHAMPAGNE
CHAMPAGNE-ARDENNE
PARIS
ILE-DE-FRANCE
ROUEN
HAUTE-NORMANDIE
CAEN
BASSE-NORMANDIE
BRETAGNE
RENNES
NANTES
PAYS DE LA LOIRE
ORLEANS
CENTRE-VAL-DE-LOIRE
DIJON
BOURGOGNE
BESANCON
FRANCHE-COMTE
POITIERS
POITOU-CHARENTES
LIMOGES
LIMOUSIN
CLERMONT-FERRAND
AUVERGNE
LYON
RHONE-ALPES
GRENOBLE
BORDEAUX
AQUITAINE
PAYS BASQUE
BASSIN D'ARCACHON
MIDI-PYRENEES
TOULOUSE
LANGUEDOC-ROUSSILLON
MONTPELLIER
PERPIGNAN
PROVENCE-ALPES-COTE D'AZUR
NICE
TOULON
MARSEILLE

CORSE
AJACCIO

N

0   200 km

© S. Charbonnel

Introduction

La France est souvent appelée, par les journalistes et les hommes politiques, l'Hexagone, car sa forme peut en effet ressembler à une figure géométrique à six côtés. Mais à la France «hexagonale», ou encore continentale, il faut ajouter la Corse, une île située dans la Méditerranée à 160 kilomètres au sud, ce qui permet de parler de la France métropolitaine*. Le territoire total du pays comprend en outre les départements et territoires d'outre-mer (Dom-Tom) qui se situent sur d'autres continents (Amérique, Afrique, Océanie).

La plus grande distance du nord au sud de l'«Hexagone» est de 973 km, et d'est en ouest de 945 km. La superficie de la France «métropolitaine» (toutes les îles côtières comprises et la Corse) est de 551 602 km², ce qui représente 5,5 % du territoire du continent européen, au second rang derrière la Russie.

La France est délimitée par 2 693 km de côtes (le double si l'on compte toutes les découpures* du rivage), de la mer du Nord, de la Manche, de l'Atlantique, et de la Méditerranée, et 2 970 km de frontières terrestres, face à la Belgique, au Luxembourg, à l'Allemagne, à la Suisse, à l'Italie, et à l'Espagne, en grande partie formées par des «frontières naturelles», les Ardennes, le Rhin, le Jura, les Alpes et les Pyrénées.

Le caractère dominant du pays est sa diversité, puisqu'il appartient à la fois à l'Europe du Nord et à l'Europe du Sud :

– diversité du relief et des paysages : massifs montagneux primaires (hercyniens) : Massif central, Bretagne, Ardennes, Vosges, Maures et Esterel; plateaux et plaines de l'ère secondaire (Bassin parisien); massifs tertiaires (Alpes, Jura, Pyrénées), plaines fluviales (Seine, Loire, Garonne, Rhône, Rhin);

– diversité des ressources : minières (Nord, Est, bordure du Massif central), agricoles (grandes plaines à blé de la Beauce, vallées et moyenne montagne) maritimes (pêche);

– diversité des climats : maritime à l'ouest, semi-continental, alpin, méditerranéen, avec de très grands écarts de températures (la plus haute à Toulouse, en août 1923, 44°, la plus basse, - 41° dans le Doubs, en 1985).

– diversité des apports ethniques et culturels (celtes, romains, nordiques, germaniques, ibériques), dus aux migrations, aux invasions, et aux immigrations.

Aussi l'unité française s'est-elle faite dans une longue durée : la langue elle-même ne s'est définitivement imposée qu'au début du XXᵉ siècle, alors qu'on parlait encore la langue locale dans certaines provinces (Bretagne, Pays Basque).

C'est aussi à cette diversité que correspond la création des régions. Avant la Révolution de 1789, la France était divisée en provinces (Bretagne, Dauphiné, Limousin, Languedoc, etc.) dont chacune avait un parlement qui disposait de certains pouvoirs en matière de justice et d'impôts, et un gouverneur qui représentait le roi. En 1789, les provinces furent supprimées, et l'on créa les départements, qui subsistent encore aujourd'hui. En 1972 furent créées vingt-deux régions métropolitaines, regroupant chacune plusieurs départements (de deux à huit) et quatre régions d'outre-mer. Cette création répondait à une volonté de décentralisation* des pouvoirs, qui jusqu'alors appartenaient essentiellement à l'Etat. Chaque région est administrée par un conseil régional, qui élit son président et qui agit principalement dans les domaines économique, social, sanitaire, culturel et scientifique.

Cette division en régions ne va pas sans soulever quelques difficultés. En particulier, la taille des régions est très variable (l'Ile-de-France compte 10 500 000 habitants, Rhône-Alpes 5 355 000, le Limousin 719 000 et la Corse 160 000), ce qui entraîne des inégalités de ressources. D'autre part, on se retrouve mal dans le rôle administratif des différentes collectivités territoriales*, trop nombreuses : commune, groupement de communes, canton, département, région.

Il reste en France une opposition entre la tradition dite jacobine*, où l'Etat central a le maximum de pouvoir, et les tendances girondines*, qui, depuis la Révolution de 1789, n'ont jamais pu s'affirmer avec force en faveur d'une large autonomie des régions. On évoque parfois la possibilité de créer de plus grandes régions, à l'image des *Länder* allemands, mais il est peu probable que la France soit un jour un état fédéral.

Les régions administratives ayant en général un caractère artificiel, nous les avons regroupées ici pour tenir compte des réalités géographiques, en partant du «cœur» de la France (Ile-de-France et Centre) puis en tournant dans le sens des aiguilles d'une montre.

L'Ile-de-France

La région Ile-de-France est constituée par la ville de Paris qui forme le département de la Seine et les sept départements de la «couronne parisienne», c'est-à-dire la proche banlieue* et la grande banlieue.

Trois départements entourent directement Paris : les Hauts-de-Seine à l'ouest, la Seine-Saint-Denis au nord-est, le Val-de-Marne au sud-ouest. Quatre autres sont situés à une plus grande distance : au nord le Val-d'Oise, à l'est, le plus grand, la Seine-et-Marne, au sud l'Essonne et à l'ouest les Yvelines.

L'Ile-de-France compte 10,8 millions d'habitants – soit près d'un cinquième de la population de la France – dont 2,1 millions vivent dans Paris *intra-muros*.

IMAGE

L'image de l'Ile-de-France, et surtout celle de Paris, se confond souvent avec celle du pays tout entier : Paris, c'est la France. Au XVIIIe siècle, Sébastien Mercier écrivait : «Naître à Paris, c'est être deux fois français.» Aussi oppose-t-on souvent Paris à la province – c'est-à-dire tout le reste du pays –, et se faire appeler provincial n'est pas flatteur, l'adjectif étant synonyme de «campagnard». Il est généralement admis que c'est Paris qui donne le ton pour la mode, la culture, le langage même. Les provinciaux se consolent en pensant que vivre à Paris est une épreuve douloureuse, avec la pollution, les difficultés de circulation aux heures de pointe, les longs trajets dans le métro, les trains de banlieue, les autobus, pour se rendre quotidiennement à son travail.

Mais quelle que soit l'opinion qu'on ait de Paris, c'est la Ville lumière, avec ses musées prestigieux, ses distractions, ses monuments, à laquelle aucune autre ville française ne peut se comparer.

HISTOIRE

L'histoire de Paris et de sa région remonte, comme c'est souvent le cas en France, à l'époque celtique, où une tribu («les Parisii») fonde Lutèce, dans ce qui est l'île de la Cité. Au milieu du Ier siècle avant J.-C., les Romains, vainqueurs des Gaulois, s'emparent de Lutèce et en font une ville importante. En 451, sainte Geneviève sauve la ville, menacée par Attila. En 508, Clovis, roi des

Francs, y installe sa capitale. Après Charlemagne, Paris devient définitivement le siège du gouvernement royal. La ville est fortifiée, sous Philippe Auguste, au début du XIIIᵉ siècle. En 1429, Jeanne d'Arc est blessée en assiégeant Paris, occupé par les Anglais. En 1572, le massacre des protestants (à la Saint-Barthélemy) est l'un des grands événements des guerres de Religion, et en 1610 Henri IV est assassiné. Entre 1648 et 1662, la Fronde met aux prises une partie de la noblesse contre le pouvoir royal. Avec Louis XIV, le centre du pouvoir se déplace à Versailles. En 1789, la Révolution commence avec la prise de la prison de la Bastille, le 14 juillet. Louis XVI est guillotiné* en 1793. En 1804, Napoléon est sacré empereur à Notre-Dame, et, en 1814 et 1815, les Alliés (Prussiens, Autrichiens, Russes) occupent la capitale. Deux révolutions (1830 et 1848) marquent l'histoire de Paris; en 1870, c'est le dramatique siège de la ville, suivi de la révolution sociale de la Commune. En 1914, Paris, menacé par les Allemands, est sauvé par la bataille de la Marne. En 1944, Paris, occupé depuis 1940, est libéré.

PAYSAGES

La ville de Paris

La situation géographique de Paris est idéale, dans la vallée de la Seine, bordée de collines. Le fleuve traverse la ville sur 12 km, d'où la séparation tradition-nelle en rive gauche (au sud) et rive droite (au nord), la présence d'îles (Saint-Louis, la Cité), de ponts (35), de canaux (canal Saint-Martin), de larges quais, d'un port de commerce (premier port fluvial de France) et d'un port de plai-sance. Dans Paris même, et autour de la ville, on peut encore deviner les col-lines (Sainte-Geneviève, Chaillot, Montmartre), et une place importante a été laissée aux espaces verts, bois de Vincennes et de Boulogne, vastes jardins. Il y a 486 000 arbres dans Paris...

La situation et l'histoire expliquent le blason de la ville, une nef* (bateau) avec la devise «*Fluctuat nec mergitur*» (elle flotte et ne sombre pas).

Les rues

La ville n'a connu un plan d'urbanisme qu'au XIXᵉ siècle, quand le préfet Haussmann a fait démolir les vieux quartiers et permis l'agrandissement de la ville. Aussi la circulation est-elle difficile : 100 millions d'heures de travail sont perdues chaque année dans les embouteillages*, encore aggravés par les mani-festations de toute sorte – politiques ou non – qui attirent dans la capitale des foules parfois immenses. Sans doute le métro (abréviation de «Chemin de fer métropolitain») avec 159 km de lignes, en grande partie souterraines, prolongé par le RER (Réseau express régional) améliore-t-il les conditions de transport; il n'en reste pas moins qu'aux heures de pointe, lorsque Parisiens et banlieusards vont à leur travail ou en reviennent, c'est la «galère»*...

On trouve, à Paris, les rues étroites dans le centre historique (2,50 mètres pour la rue du Chat-qui-pêche), la plus large autour de l'arc de triomphe de l'Etoile (avenue Foch, 120 mètres). La rue la plus courte n'a que 5,75 mètres, tandis que la rue de Vaugirard, la plus longue, mesure 4,360 km.

Il y a même une ville sous la ville, les Catacombes, ensemble de salles et de galeries souterraines, anciennes carrières qui servirent de cimetière au XVIIIe siècle.

L'administration de Paris est unique en France. Il y a un maire de Paris, élu par le Conseil de Paris, à la fois conseil municipal et conseil général pour le département de la Seine. Chacun des vingt arrondissements est administré par un conseil et un maire d'arrondissement. L'Etat est représenté par un préfet de Paris, qui est également préfet de la région Ile-de-France, et un préfet de police, chargé de la sûreté de Paris et des trois départements limitrophes. La sécurité est un des problèmes majeurs, puisqu'il s'agit de protéger aussi bien la population, qui a la plus forte densité de France (20 421 habitants au km^2), et les services de l'Etat; Paris est la cible des attentats terroristes, le métro étant une zone particulièrement sensible. On compte à Paris environ 300 000 crimes et délits par an, dont 150 000 vols.

Vie économique

Le nombre de personnes employées dans les différentes activités peut seul en donner une idée : agriculture : 69 – industrie : 213 000 – travaux publics : 55 000 – commerce : 213 000 – transports : 45 000 – services : 855 000. Les personnels de l'Etat sont, à eux seuls, 373 000.

L'industrie, en voie de déclin (fermeture des usines Renault), concerne la métallurgie, la chimie, les télécommunications, la construction automobile et aéronautique. Il faut y ajouter le cinéma et surtout le tourisme, qui voit affluer à Paris 21 millions de visiteurs par an, attirés par les monuments (la tour Eiffel), et les musées (Louvre, 4,7 millions, Orsay, 2,2 millions).

La tour Eiffel – du nom de son architecte, Gustave Eiffel – a été construite en deux ans et deux mois pour l'Exposition universelle de 1889. Hauteur : 320 mètres. Poids : 10 000 tonnes. 18 038 pièces de fer. L'escalier compte 1 665 marches. Elle a connu 369 suicides dont deux rescapés. Visiteurs : de 5 à 5,5 millions par an.

La tour Eiffel

Quelques chiffres pour l'activité commerciale et les services, qui ne rendent pas compte de la diversité d'aspect des rues de Paris, dont beaucoup se signalent par un caractère propre : commerce des tissus dans le quartier du Sentier, boutiques de mode rue du Faubourg-Saint-Honoré, librairies dans le Quartier latin : 15 000 restaurants et cafés – 1 500 guichets de banque – 1 300 boulangeries-pâtisseries – 166 gymnases – 108 hôpitaux ou cliniques – 34 piscines...

Vie culturelle

Paris est la plus grande ville universitaire de France, avec huit universités dans la ville même et cinq dans les trois départements voisins, des grandes écoles (Normale supérieure, préparant à l'enseignement, Ecole nationale d'administration – ENA – d'où sortent les «énarques» qui forment la majeure partie du personnel de la haute administration et de la politique), le Collège de France, l'Institut de France, qui regroupe cinq académies (Académie française, la plus ancienne – 1635 –, Académies des sciences, des inscriptions et belles-lettres, des beaux-arts, des sciences morales et politiques).

Paris est le siège des principales sociétés de radio et de télévision nationales et de la plupart des grands journaux français. On y compte cent vingt-quatre lieux de spectacles (dont trois opéras et huit théâtres nationaux) et quatre cents salles de cinéma.

— Paris, capitale de la France

C'est à Paris que sont concentrés tous les grands corps de l'Etat. Le président de la République réside au palais de l'Elysée; le premier ministre à l'hôtel Matignon. Le Quai d'Orsay est le siège du ministère des Affaires étrangères; le Palais-Bourbon celui de l'Assemblée nationale (députés), le Palais du Luxembourg, celui du Sénat, le Palais-Royal celui du Conseil d'Etat. On a cherché à délocaliser* certains services nationaux, mais sans grand succès. C'est toujours à Paris qu'aboutissent les grandes lignes de chemin de fer et de transport aérien (à distance égale, il faut deux heures pour se rendre en TGV* de Lyon à Paris, mais sept heures pour aller de Lyon à Bordeaux). Enfin, Paris concentre 96% des sièges des grandes sociétés de banque, 70% des sièges des sociétés d'assurance et 39% de l'ensemble des professions libérales.

— L'Ile-de-France

Les trois départements les plus proches de Paris sont fortement urbanisés et totalisent à eux seuls 4 millions d'habitants, dans des villes importantes qui sont souvent des centres industriels avec la construction automobile, aéronautique, la chimie, l'agroalimentaire, l'informatique, l'électronique, le matériel ménager, les imprimeries. C'est là aussi que se situent les deux grands aéroports, Orly et Roissy.

Les quatre autres départements de la région offrent un visage différent: la campagne réapparaît, les maisons s'espacent et la nature reprend ses droits avec de vastes forêts (Fontainebleau, Saint-Germain, Rambouillet, Marly) qui constituent le poumon vert* de Paris. Les bords de la Seine et de la Marne retrouvent un caractère champêtre qui a souvent attiré les peintres impressionnistes. Les cultures maraîchères sont particulièrement développées, à l'exemple du célèbre «potager du roi» à Versailles; le Val-de-Marne est même le troisième département français pour la culture des roses.

ART DE VIVRE

La vie, à Paris et en Ile-de-France, est naturellement très différente de celle que l'on connaît en province. Elle est généralement rythmée par les déplacements quotidiens pour le travail; un habitant de Versailles qui est employé à Paris (25 km) devra se lever le matin à 6 heures, et ne sera guère rentré chez lui avant 20 h 30. Mais le reste de la semaine – samedi et dimanche –, il se comportera comme un provincial. Même Paris est formé de quartiers où l'on se connaît, où l'on se rencontre au marché, où les commerçants vous appellent par votre nom. On comprendra cependant que Parisiens et Franciliens* quittent massivement leur région au moment des vacances, livrant leur ville et leurs monuments aux touristes étrangers.

> A Paris, la plupart des gens se contentent de restauration rapide. Mais s'il n'y a pas de gastronomie typiquement parisienne, à part la célèbre baguette* de pain, c'est malgré tout à Paris qu'on trouve la plus grande concentration de restaurants haut de gamme* dans lesquels se retrouvent toutes les cuisines du monde.
>
> La région parisienne s'approvisionne au marché international de Rungis, qui a remplacé depuis 1969 les anciennes halles centrales décrites par Zola dans *Le Ventre de Paris*. On y négocie chaque année 615 000 tonnes de fruits, 500 000 tonnes de légumes, 362 000 tonnes de viande.

ART-MONUMENTS

Il est normal qu'on trouve à Paris – capitale du pays depuis plus de mille ans – des témoignages de toutes les époques de l'histoire ; les rois, puis les présidents de la République, de Saint Louis (la Sainte-Chapelle) à Georges Pompidou (centre Beaubourg) et à François Mitterrand (l'Arche de la Défense, la Bibliothèque de France, l'aménagement du Louvre avec sa pyramide) ayant tenu à attacher leur nom à un monument.

De l'époque gallo-romaine subsistent encore les thermes de Lutèce (au musée de Cluny).

Au Moyen Age furent construits murailles et châteaux ; dans le sous-sol du Louvre, on voit les restes imposants du mur de Philippe Auguste. Le donjon* de Vincennes date du XIVe siècle, comme la Conciergerie, qui servit de prison à la reine Marie-Antoinette en 1793. Les hôtels de Sens et de Cluny sont les deux seules résidences privées du Moyen Age subsistant à Paris.

Aux environs de Paris, le château de Pierrefonds (XIIe siècle) a été en partie reconstruit au XIXe siècle par l'architecte Viollet-le-Duc (auquel on doit aussi la restauration de la Cité de Carcassonne).

Ce sont les églises qui sont les plus beaux témoins de l'art architectural du Moyen Age, avec la toute première église gothique, Saint-Denis, commencée en 1136, et où sont les tombeaux des rois et des reines ; la cathédrale Notre-Dame de Paris, dont la construction demanda plus de deux cents ans, et qui sera célébrée par Victor Hugo dans l'un des premiers grands romans de l'époque romantique (1831) ; la Sainte-Chapelle (1248) avec ses magnifiques vitraux*, et plusieurs églises qui forment la transition entre le Moyen Age et la Renaissance (Saint-Germain-l'Auxerrois, Saint-Eustache).

On doit à l'art de la Renaissance un grand nombre de palais ou d'hôtels particuliers : hôtel Carnavalet (musée historique de la Ville de Paris), hôtel de Lamoignon, châteaux de Saint-Germain-en-Laye, de Fontainebleau.

Les plus riches monuments de Paris relèvent de l'art classique, du début du XVIIe siècle au milieu du XVIIIe siècle : l'ensemble de la place des Vosges, du

Palais-Royal, de la place Vendôme, la colonnade* du Louvre, le palais du Luxembourg, l'hôtel des Invalides, l'Institut, l'Ecole militaire, l'église Saint-Roch. Hors de Paris, les deux plus beaux exemples d'architecture classique sont les châteaux de Vaux-le-Vicomte – avec ses magnifiques jardins – et de Versailles.

Le Château de Versailles

En 1661, le jeune roi Louis XIV est invité à Vaux-le-Vicomte, qui appartient au sur-intendant (ministre des Finances) Fouquet. La fête est magnifique… le roi mange dans la vaisselle d'or. Louis XIV se fâche, fait arrêter Fouquet, et décide de faire construire un château encore plus beau : Versailles.

La construction du château principal a demandé vingt ans. Le Grand Trianon date de 1688, le Petit Trianon de 1768, l'Opéra de 1770. La façade sur le parc mesure 670 mètres de long. Il y avait à l'origine 1 300 pièces. Le parc se développe sur une centaine d'hectares, autour de plusieurs bassins. Trois rois ont vécu à Versailles : Louis XIV, Louis XV et Louis XVI, qui en fut chassé par la Révolution en 1789. La Galerie des Glaces, au centre du château vit en 1871 la proclamation de l'Empire allemand. Le traité de Versailles en 1919 mit fin à la Première Guerre mondiale. Le château de Versailles fut imité dans toute l'Europe, à Vienne, Saint-Petersbourg, Potsdam, jusqu'à la fin du XIXe siècle avec le château de Louis II de Bavière, au Chiemsee.

Au centre du château, la chambre du Roi-Soleil.

La fin du XVIIIe siècle et l'époque du premier Empire (Napoléon Ier) ont laissé moins de traces; dans le style néo-classique ont été élevés le temple (puis église) de la Madeleine, les arcs de triomphe du Carrousel et de l'Etoile, dont les travaux ne furent terminés qu'en 1836; dans la banlieue nord, le petit château de la Malmaison garde le souvenir de Napoléon et de l'impératrice Joséphine.

Peu après le milieu du XIXe siècle, Paris se transforme sous l'impulsion du préfet Haussmann qui fait démolir les quartiers insalubres et étend la ville sur la rive droite de la Seine, ouvrant de larges avenues. C'est alors qu'on construit l'Opéra (1860), la Bourse, de nouveaux ponts, les grands magasins (Bon Marché, Bazar de l'hôtel de ville). Grâce aux nouvelles techniques (constructions métalliques, béton) ce sont, dans les dernières années du siècle, la tour Eiffel, le Grand et le Petit Palais, et les Galeries Lafayette qui voient le jour.

Entre les deux guerres, le palais de Chaillot abrite trois grands musées. Après 1945, de grands chantiers sont réalisés : tour Montparnasse (1972), Centre national Georges Pompidou (1977), quartier et arche de la Défense (1990), Grand Louvre (1992), Bibliothèque de France (1994).

Paris est naturellement la ville la plus riche de France – sinon d'Europe – en musées : en dehors des trois grands musées (Louvre, Orsay, Art moderne) de nombreux musées sont spécialisés : Marine, Armée, Arts décoratifs, Rodin, Picasso, palais de la Découverte, Cité des sciences et de l'industrie... Si Paris expose les tableaux des plus grands peintres, ceux-ci ont aussi célébré Paris, en particulier les impressionnistes, qui ont représenté la vie quotidienne, les cafés, les gares, les boulevards et les rues, les bords de la Seine (Monet, Renoir, Toulouse-Lautrec) et les peintres modernes, que la tour Eiffel a inspirés (Delaunay...).

Enfin, une partie de la ville est inscrite au Patrimoine mondial* : les quais de la Seine, les grandes perspectives et leurs monuments (l'île de la Cité, l'île Saint-Louis, la Concorde, la Madeleine, la Chambre des députés, le pont Alexandre III, le Grand et le Petit Palais, les Invalides, l'Ecole militaire, le Champ-de-Mars et le palais de Chaillot). Figurent aussi dans cette liste des sites célèbres : le château et le parc de Fontainebleau et, naturellement, le château de Versailles.

Dans un tout autre ordre d'idées, on n'oubliera pas que Paris a organisé, en 1998, la Coupe du Monde de football dans le Stade de France, créé pour la circonstance, et qu'à Paris également a lieu chaque année le tournoi de tennis de Roland-Garros. Enfin Disneyland, à Marne-la-Vallée, attire à lui seul près de douze millions de visiteurs.

PARLÉ, ÉCRIT...

Les Parisiens ont un accent particulier, grasseyant* ; on les appelait autrefois «Parigots à gros bec». Ce n'est pas, en tout cas, l'accent du français correct... Mais cela n'a pas empêché Paris d'être la ville sur laquelle on a le plus écrit, dans la chanson comme dans la littérature. Une bonne part des romans français a pour décor Paris, plus particulièrement chez Balzac, Hugo, Flaubert, Zola, qui trace une fresque épique de la ville sous le Second Empire. C'est à Paris que sont nés les grands mouvements littéraires, la Pléiade, avec Ronsard et Du Bellay – des provinciaux, venant après les purs Parisiens Villon et Marot –, le classicisme avec Corneille, Racine, Molière – les Lumières et l'Encyclopédie (Diderot, Voltaire), le romantisme avec Musset ou Nerval, Hugo ou Dumas, le réalisme, le symbolisme, le surréalisme… Apollinaire, Aragon, Prévert se sont fait les «poètes de Paris», sans parler des films qui ont rendu Paris célèbre dans le monde entier, et des innombrables chansons sur la capitale.

Quelques vers de Gérard de Nerval (1808-1855)
Notre-Dame de Paris

«Notre-Dame est bien vieille : on la verra peut-être
Enterrer cependant Paris qu'elle a vu naître.
Mais dans quelque mille ans, le Temps fera broncher
Comme un loup fait un bœuf, cette carcasse lourde,
Tordra ses nerfs de fer, et puis d'une dent sourde
Rongera tristement ses vieux os de rocher !
Bien des hommes, de tous les pays de la terre,
Viendront, pour contempler cette ruine austère,
Rêveurs et relisant le livre de Victor[1]
Alors ils croiront voir la vieille basilique,
Tout ainsi qu'elle était, puissante et magnifique
Se lever devant eux comme l'ombre d'un mort !»

EXERCICES

1 /

Rive droite, rive gauche

Les deux rives de la Seine, qui coule d'est en ouest, ont toujours eu des mentalités différentes. La rive gauche intellectuelle et passionnée par toutes les idées nouvelles, la rive droite plus classique, plus traditionnelle et plus commerçante. Sur la rive droite, les théâtres de boulevard, sur la rive gauche le jazz, sur la rive droite, les grands magasins, sur la rive gauche, la Sorbonne… mais aujourd'hui cette division

---

1. Victor Hugo, auteur du roman *Notre-Dame de Paris*, 1831.

n'est plus aussi nette qu'autrefois. Inscrivez derrière chaque monument d (rive droite) ou g (rive gauche) :

1. la place Vendôme ......– 2. l'église de la Madeleine ......– 3. Montmartre et le Sacré-Cœur ...... – 4. la tour Eiffel ...... – 5. la gare de Lyon ...... – 6. Notre Dame de Paris ... – 7. la Bibliothèque nationale de France ...... – 8. le jardin du Luxembourg ... – 9. le magasin « Le Printemps » ...... – 10. le musée d'Orsay

2 /

Connaissez-vous l'île de la Cité ?

1. Le Pont-Neuf à Paris relie les deux berges de la Seine à l'extrémité ouest de la Cité. Pourquoi « aller comme le Pont-Neuf » signifie-t-il « se porter très bien » ?

2. La Sainte-Chapelle a été construite entre 1245 et 1248 par le roi Saint-Louis pour recevoir la couronne d'épines du Christ (une relique aussi importante que la vraie croix, le suaire – tissu qui a enveloppé le corps du Christ, de la cathédrale de Turin en Italie – ou le voile de la Vierge de la cathédrale de Chartres). Est-ce la plus ancienne église de Paris ?

3. On peut lire les vitraux de la Sainte-Chapelle comme une bande dessinée. Ils représentent la création du monde, l'histoire d'Adam et Eve, Noé construisant l'arche pour y mettre tous les animaux, etc. Les scènes de la Bible sont-elles au nombre de 34, 134, 1 134 ?

4. Les célèbres gargouilles (représentant des animaux monstrueux et ricanants) au sommet des tours de Notre-Dame de Paris ont été sculptées au XIIIe siècle. Combien de temps a-t-il fallu pour construire la cathédrale ?

5. Il y a trois portails sur la façade principale (ouest). Le portail central est-il celui de la Vierge ou celui du Jugement Dernier ?

Notre-Dame. Le portail du Jugement dernier.
En bas, la résurrection des morts.

6. L'hôtel des Invalides a-t-il été construit par Louis XIV pour être le musée de l'armée ?

7. Pendant la Révolution française, on a coupé la tête à toutes les grandes statues au-dessus des portes de Notre-Dame. Pourquoi ?

8. Est-ce le roi Louis XVI ou la reine Marie-Antoinette qui fut prisonnière à la Conciergerie en 1793 ?

3 /

A – Dure la vie d'un Parisien !
Trouvez la bonne définition pour les mots suivants :

> 1. embouteillage – 2. galère – 3. pourboire – 4. métro – 5. banlieue

> A. moyen de transport rapide (sauf en cas de grève) mais qui ne sent pas très bon – B. ensemble des agglomérations qui entourent Paris que l'on retrouve le soir après beaucoup d'efforts – C. vie aussi difficile que celle des hommes condamnés autrefois à ramer sur les bateaux du roi – D. grande concentration de véhicules qui veulent avancer tous en même temps, et qui arrête toute circulation – E. somme d'argent que l'on donne en plus du prix à un serveur alors qu'on n'y est pas obligé, pour espérer obtenir un sourire

B – Agréable la vie d'un Parisien !

> 1. salle Gaveau – 2. Tour de France cycliste – 3. Bains-Douches – 4. parc de Versailles – 5. Grand-Palais / Orsay

> A. événement mondial qui se termine à vélo sur les Champs-Elysées – B. on ne s'y lave pas mais on y danse toute la nuit et on y croise des gens célèbres – C. on peut y voir les œuvres de Van Gogh ou du futur Salvador Dali – D. on y entend les musiciens les plus exceptionnels – E. on peut y pique-niquer comme un roi

4/

Les grandes écoles
Elles ont une réputation supérieure à celle des universités et leurs concours d'entrée sont très sélectifs. Elles étaient installées à l'origine dans le Quartier latin. Certaines ont déménagé pour des villes de la région parisienne ou la province. Retrouvez leur nom :

1. On l'appelle aussi « l'X » et, bien qu'elle dépende du ministère des Armées, elle est considérée comme la plus grande école d'ingénieurs. – 2. Elle a été fondée par Napoléon pour former des spécialistes de l'extraction du charbon. – 3. On y propose des formations supérieures en commerce. – 4. On dit de ses diplômés qu'ils ont beaucoup de pouvoir et qu'ils transforment la République française en une « énarchie ». – 5. C'est une école qui forme les officiers d'infanterie. – 6. Elle forme des professeurs et des chercheurs de haut niveau.

5/

On a coutume d'appeler les institutions politiques par le nom de l'édifice qui les abrite. Ainsi le Palais-Bourbon signifie « Assemblée nationale ». Dans le texte suivant, remplacez les mots soulignés par l'institution qu'ils représentent.

Le roi d'Espagne a été reçu à l'Elysée. Matignon a procédé à un changement de ministre : le titulaire de la place Beauvau ira rue de Grenelle. Bercy annonce une augmentation des impôts. Le Quai d'Orsay organise le voyage du président à la Maison Blanche. Le Luxembourg a refusé de voter les crédits.

6 /

Donnez le nom de trois grands journaux quotidiens nationaux, de trois grands hebdomadaires nationaux.

7 /

Louis XVI quitta Versailles le 6 octobre 1789. Le fit-il volontairement ?

8 /

Citez des titres d'œuvres littéraires, de films, de chansons où apparaît le nom de Paris. La capitale de votre pays a-t-elle aussi inspiré les auteurs et les artistes ?

Le Centre

IDENTITÉ

Sous le nom de «Centre», on peut regrouper quatre régions dont le point commun est de n'avoir aucune frontière terrestre avec les pays voisins de la France, et d'être à l'écart de la mer ou de l'océan; c'est d'ailleurs là que se situe le centre géographique de la France près de la petite ville de Saint-Amand-Montrond; il s'agit d'une partie du Massif central (Auvergne et Limousin) et des régions qui le bordent, du nord-ouest (Centre - Val de Loire) au nord-est (Bourgogne). L'ensemble de ces quatre régions représente en surface 20% de la France, mais environ 7,5% de sa population, avec une faible densité (26 habitants/km^2), inférieure à la moyenne nationale; la région Centre-Val de Loire, à elle seule, avec six départements, compte 2,3 millions d'habitants; le Limousin, avec trois départements, 723 000 habitants; la Bourgogne, avec quatre départements, 598 000 habitants, et enfin l'Auvergne avec quatre départements, 578 000 habitants. Seules cinq villes dépassent 100 000 habitants, les quatre capitales régionales: Orléans, Limoges, Dijon et Clermont-Ferrand, et la ville de Tours.

IMAGE

Le «cœur de la France» offre une image très contrastée: le Val de Loire et la Bourgogne évoquent l'équilibre, la douceur de vivre, la culture; l'Auvergne et le Limousin, par leurs paysages et leur situation même, laissent plutôt penser à la France du passé, restée à l'écart du grand mouvement de modernisation. L'autoroute qui doit traverser le Massif central du nord au sud n'est encore pas terminée, et il est toujours malaisé de circuler d'est en ouest, par des routes souvent difficiles. Dans l'esprit populaire, l'Auvergnat est longtemps resté un personnage rude, descendant direct de ces Gaulois qui tinrent Jules César en échec. Venu des régions pauvres – comme le Breton –, il va chercher du travail à Paris, où il devient marchand de charbon et cabaretier («bougnat»). Cette image se modifie depuis plusieurs décennies, avec la mode de l'écologie et du retour à la nature, et les Auvergnats, les Limousins, les Bourguignons ou les Berrichons apparaissent comme les gardiens des traditions rurales, et les représentants d'une France moins riche, mais où il fait bon vivre.

HISTOIRE

Les régions du Centre ont connu un destin historique mouvementé. Elles furent le théâtre des luttes entre Jules César et les tribus gauloises dont le chef, Vercingétorix est d'abord vainqueur à Gergovie, puis vaincu – en 52 avant J.-C. – à Alésia, où il est fait prisonnier, avant d'être exécuté à Rome six ans plus tard. Pendant le Moyen Age, on assiste aux luttes entre Anglais et Français, à la fin desquelles s'illustre l'héroïne Jeanne d'Arc, qui contribue à faire de Charles VII un roi de France respecté, avant d'être livrée aux Anglais et de mourir brûlée à Rouen en 1431.

Les siècles suivants verront peu à peu les provinces du Centre – Berry ou duché de Bourgogne – participer à l'unité du royaume.

PAYSAGES

Le Val de Loire

De Paris, on n'est pas à plus d'une heure de voiture ou de train d'Orléans, au sommet de la boucle de la Loire, qui, venant du Massif central, se dirige vers le sud-ouest, en direction de l'océan Atlantique. Après avoir traversé la riche plaine de la Beauce, «océan des blés», on entre dans un pays vallonné, au climat doux, avec des cultures maraîchères, des vergers, dont les poires et les pommes sont renommées, des vignes (vins de Touraine) et des prés. Mais c'est surtout, le long de la Loire et autour de sa vallée, le pays des châteaux, des abbayes et des villes chargées d'histoire. Si l'essentiel de l'activité est dû à l'agriculture et surtout au tourisme, l'industrie n'est pas absente de la région, surtout dans les grandes villes (Orléans, 105 000 habitants; Tours, 130 000 habitants et Blois, 50 000 habitants).

La Sologne et le Berry

Plus au sud s'étend la Sologne, région au sol sablonneux où alternent étangs, forêts, landes de bruyères et cultures, avec quelques petites industries (bois, porcelaine et même armement). C'est surtout la région des grands domaines de chasse, on en dénombre plus de 1 000.

Au-delà, c'est l'ancienne province du Berry, dont Bourges était la capitale. C'est un large plateau ondulé, où l'on trouve des paysages très variés : terres agricoles au nord («Champagne berrichonne»), collines et rivières au centre, riche région d'élevage, marais et lacs dans la Brenne, à l'ouest.

Azay-le-Rideau. Escalier renaissance

La Bourgogne

Elle est située sur la bordure nord-est du Massif central, entre les vallées de la Loire, de la Saône et du Rhône; elle présente un double visage : la montagne (le Morvan), avec ses forêts et ses prairies, et un pays de collines descendant vers la vallée de la Saône. Ainsi la région est-elle constituée de petits pays originaux : le Nivernais, avec ses pâturages, le Charolais, dont les bœufs sont réputés; le bassin d'Autun, avec ses mines de charbon, aujourd'hui en sommeil, et son industrie métallurgique (Le Creusot); le Dijonnais, autour de l'ancienne capitale du duché de Bourgogne, Dijon, grand centre économique (industrie agroalimentaire, électronique, optique) et universitaire (151 000 habitants). Au sud de Dijon, la Côte, en bordure de la vallée de la Saône, porte le célèbre vignoble où l'on produit les vins de Bourgogne.

La Cité de l'acier

En 1836, les deux frères Schneider fondent au Creusot une usine qui va construire des locomotives à vapeur et des moteurs de navires. En 1843 est inventé le marteau-pilon et à partir de 1867 se développe l'industrie de l'acier. Récemment a été favorisé le tourisme industriel, qui permet de visiter les sites des usines métallurgiques et des mines.

Le Limousin

Il forme la bordure nord-ouest du Massif central, des plateaux granitiques, de 400 à 1 000 mètres d'altitude. C'est une région essentiellement agricole, dont les paysages sont souvent sévères, avec leurs gorges, leurs landes et leurs bois. Les vallées sont profondes, comme celles de la Creuse, de la Vézère ou de la haute Dordogne, où se succèdent d'impressionnants barrages (L'Aigle, 90 mètres de hauteur; Bort, 120 mètres). Le «toit du Limousin» est le plateau de Millevaches – «mille sources» ou «pays vide» – et le département de la Creuse, le plus pauvre de la région, n'a que 127 000 habitants, moins que la capitale régionale, Limoges, la seule ville importante, connue dans le monde entier par ses fabriques de porcelaine, comme l'est Aubusson, centre historique de la tapisserie.

L'Auvergne

Ancienne province du royaume, elle est aussi une des plus vieilles terres, puisqu'elle s'étend au cœur même du Massif central, l'une des montagnes primaires – chaîne hercynienne – avec la Bretagne, les Vosges et les Ardennes. Elle est surtout caractérisée par la présence de nombreux volcans éteints ou «puys», surgis à l'ère tertiaire, et dont le plus haut, le puy de Sancy, atteint 1 886 mètres. C'est une région au climat très rude, où les communications sont difficiles : rares lignes de chemin de fer avec des ouvrages d'art (le viaduc de Garabit, construit par l'ingénieur Eiffel), routes sinueuses, cols enneigés. Le paysage dominant est celui de la moyenne montagne, avec ses bois de sapins, de hêtres ou de châtaigniers, de vastes pâturages avec leurs «burons», petites maisons de pierre où l'on prépare le fromage. Les industries sont rares en Auvergne, sauf à Clermont-Ferrand, capitale régionale (136 000 habitants) où se trouvent des ateliers de mécanique et surtout les usines de pneus Michelin. Le Massif central est cependant bien pourvu en sources d'énergie (houille blanche* avec les barrages, uranium). Ce pays de volcans est riche en stations thermales* – la plus connue est celle de Vichy, où siégea entre 1940 et 1944 le gouvernement du maréchal Pétain, souvent désigné comme «le régime de Vichy». Enfin, en bordure du massif, quelques villes moyennes se signalent par leur spécialité industrielle (Moulins, Roanne et Montluçon avec des constructions métalliques) ou artisanale (dentelle du Puy, parapluies d'Aurillac).

ART-MONUMENTS

L'ensemble des quatre régions du Centre offre un résumé parfait de l'art français. L'un des sites préhistoriques le plus célèbre est la roche de Solutré, au-dessus de la vallée de la Saône, une falaise abrupte d'où les chasseurs précipitaient, il y a 20 000 ans, les chevaux sauvages pour les tuer. De l'époque gauloise date le trésor de Vix, trouvé dans une tombe du VIᵉ siècle avant J.-C. Autun, «ville d'Auguste» fut une importante cité romaine, où subsistent de nombreux vestiges.

La nef romane de Vézelay.

Le Moyen Age fut une époque de développement économique et artistique. En Bourgogne, la fondation, en 910 du monastère de Cluny, puis en 1115 de Clairvaux, permet l'expansion de la vie monastique et la création de nombreuses abbayes, comme celle de Fontenay (inscrite au Patrimoine mondial). Parmi les plus belles réalisations architecturales du Moyen Age roman, on peut retenir l'abbaye de Cluny, presque totalement détruite après la Révolution de 1789, où se trouvait la plus grande basilique du monde chrétien, l'église Saint-Lazare d'Autun, la basilique Sainte-Madeleine de Vézelay (inscrite au Patrimoine mondial), Saint-Philibert de Tournus, et de nombreuses cathédrales comme celle du Puy ou la basilique Notre-Dame-du-Port de Clermont-Ferrand. L'art gothique se retrouve dans quelques grandes cathédrales (Orléans, Limoges) et à Bourges, l'une des plus grandes de France, avec une nef* de 124 mètres de long, de 41 mètres de large – la plus large de France – et 37,15 mètres de hauteur et qui est inscrite au Patrimoine mondial. L'abbaye de la Chaise-Dieu à 1 000 mètres d'altitude en Auvergne, est particulièrement connue par ses stalles richement décorées, ses tapisseries flamandes et une fresque représentant une «Danse macabre» où les morts font danser les vivants. Dans le nord de la région, au centre de la plaine de la Beauce, la cathédrale de Chartres (inscrite au Patrimoine mondial) est l'un des plus beaux ensembles de l'art religieux français, avec un portail roman et une nef gothique avec des vitraux des XIIe et XIIIe siècles.

Cathédrale de Bourges. Le Christ en majesté.

L'architecture civile du Moyen Age se rencontre partout, dans des châteaux forts (Culan, Chateaudun, Boussac), des cités fortifiées (Loches, Salers, Saumur ou Chinon, où commence l'épopée de Jeanne d'Arc), des quartiers anciens, comme à Tours ou à Bourges, où se trouve l'un des rares palais du XVe siècle. A Beaune, au cœur du vignoble de Bourgogne, s'élève l'hôtel-Dieu, fondé en 1443 et qui servait encore d'hôpital il y a quelques années.

Mais le centre de la France, c'est aussi – ou d'abord – la suite prestigieuse des châteaux de la Loire; beaucoup datent de la fin du Moyen Age, et montrent comment l'art de la Renaissance a transformé l'architecture (Azay-le-Rideau, Blois, Chaumont, Chenonceaux) par de plus larges ouvertures et la présence de jardins. D'autres, de pur style Renaissance, datent du XVIe siècle; le plus grand d'entre eux, Chambord, commencé en 1519, comprend 440 pièces, mesure 156 mètres de long sur 117 mètres de large, 365 cheminées. L'empereur Charles Quint, invité par François Ier, put dire qu'il était «un abrégé de l'industrie humaine».

Enfin, la Bourgogne est riche en monuments de l'art classique, comme le palais des Etats de Bourgogne et la place royale de Dijon.

ART DE VIVRE

Dans le Val de Loire, les fêtes sont liées à l'histoire des cités et des monuments : fête de Jeanne d'Arc à Orléans (7-8 mai), spectacles «son et lumière».

L'Auvergne a davantage gardé ses traditions rurales : on y danse encore la «bourrée», qui représente la poursuite d'une jeune fille coquette par son amoureux.

Le Limousin est le pays des saints, qu'on vénère par des ostensions* où l'on présente leurs reliques*. A Magnac-Laval a lieu, à la Pentecôte, la plus longue procession de France, qui se déroule sur 54 km, dans la campagne. Le Berry passe encore de nos jours pour le pays des sorciers, tandis que la Bourgogne est tout naturellement le lieu des foires liées à la gastronomie et au vin, comme la vente aux enchères* des vins de Beaune.

Parmi les plats qui sont liés à ces régions, les plus célèbres sont sans doute le «bœuf bourguignon», à base de vin rouge et la «tarte Tatin» (tarte aux pommes caramélisée).

Mais c'est le vin qui fait l'essentiel de la réputation du Val de Loire (vins de Touraine, Bourgueil, Sancerre) et surtout de la Bourgogne (Gevrey-Chambertain, Clos-Vougeot, Nuits-Saint-George, Aloxe-Corton, Pommard, Meursault…) dont les vignobles se succèdent sur une soixantaine de kilomètres au sud de Dijon, capitale de la moutarde et du vinaigre. Une autre spécialité de Bourgogne est le marc de raisin (eau-de-vie).

PARLÉ, ÉCRIT

Le Centre est un pays de contact : le patois limousin appartient à la langue d'oc, tandis que le Val de Loire, de langue d'oil, est réputé pour être la région où le français est le plus pur. Partout on parle avec un accent provincial, comme en Bourgogne où l'on «roule les r».

La littérature des pays du Centre est particulièrement riche. C'est là qu'est né au XIIIe siècle, le *Roman de la Rose*; c'est là que Charles d'Orléans a écrit ses poèmes; c'est là que Rabelais, Ronsard, Du Bellay sont nés. Plus près de nous, Vigny et Balzac (*le Curé de Tours*), Péguy et Proust y ont situé leur œuvre. Le souvenir de George Sand est lié au Berry, en particulier pour ses romans champêtres, (*La Mare au diable*), comme Jean Giraudoux l'est au Limousin (*L'Apollon de Bellac, Siegfried et le Limousin*).

De nombreux peintres ont aussi illustré les régions du Centre, comme le portraitiste Jean Fouquet (1420-1480), le Maître de Moulins (XVe siècle), ou Léonard de Vinci, mort à Amboise. Claude Monet a peint une célèbre «série» de paysages de la vallée de la Creuse.

Azay-le-Rideau.

Quelques vers de Charles Péguy (1873-1914)
Châteaux de Loire

«Le long du coteau courbe et des nobles vallées
Les châteaux sont semés comme des reposoirs[1]
Et dans la majesté des matins et des soirs
La Loire et ses vassaux[2] s'en vont par ces allées
Cent vingt châteaux lui font une suite courtoise[3]
Plus nombreux, plus nerveux, plus fins que des palais
Ils ont nom Valençay, Saint-Aignan et Langeais,
Chenonceaux et Chambord, Azay, Le Lude, Amboise…»

EXERCICES

9 /

Les châteaux de la Loire. Le château de Chenonceaux est appelé le château des six femmes. Complétez le texte avec les mots suivants :

> une famille privée – décore – le grand jardin – une galerie – céder le château au roi

La première dame fut Catherine Bohier au début du XVIe siècle. Son mari est trésorier des finances. Elle participe activement à l'élaboration des plans. A sa mort, son fils doit …… car Bohier a confondu en partie les finances du royaume et ses propres finances.
Henry II offre le château à sa maîtresse Diane de Poitiers. Elle fait planter …… devant le château et ajoute un pont qui enjambe la rivière. A la mort du roi, elle doit abandonner le château à la reine Catherine de Médicis. Cette dernière commande un parc et construit …… sur le pont. Louise de Lorraine, femme de Henri III se retire à Chenonceau après l'assassinat de son mari et inconsolable …… sa chambre de noir. Madame Dupin, à la fin du XVIIIe siècle recevra dans son salon toutes les célébrités de l'époque. Jean-Jacques Rousseau y passera des heures agréables.
Grâce à sa réputation et sa générosité, le château ne sera pas touché pendant la Révolution. Au XIXe siècle, en 1864, madame Pelouze achète le château et le restaure. Aujourd'hui encore, le château appartient à ……… .

10 /

Les derniers châteaux forts qui répondent à des besoins militaires sont construits avant la fin du XVe siècle. Sous l'influence de l'Italie, l'architecture se modifie.

---

1. Petit autel sur lequel on place le saint sacrement lors des processions.
2. Au Moyen Age, hommes liés personnellement à un seigneur.
3. Qui se rapporte à la cour d'un roi. D'où : poli, raffiné.

Quelles sont les caractéristiques du style «Renaissance» des éléments suivants? :

murs – fenêtres – escaliers – toit – cheminées – ornements – jardin

11 /

Le groupe Schneider
Complétez les phrases suivantes avec les mots ou expressions de la liste ci-dessous :

des locomotives – chiffre d'affaires – se développe – inventé – une usine

En 1836, les deux frères Schneider fondent au Creusot ......où l'on construit des......à vapeur et des moteurs de navire. En 1843, le marteau-pilon est...... et en 1867, l'industrie de l'acier....... En 1998, le groupe Schneider compte 70 000 personnes, est numéro un mondial pour les appareillages électriques basse tension, et a un......de plusieurs millions de francs.

12 /

Associez chaque ville à un produit caractéristique :

1. Clermont-Ferrand – 2. Limoges – 3. Aurillac – 4. Dijon – 5. Vichy – 6. Le Creusot – 7. Aubusson – 8. Le Puy

A. aciéries – B. parapluies – C. porcelaine – D. pneumatiques (Michelin) – E. moutarde – F. tapisserie – G. dentelle – H. eau minérale

13 /

Et dans votre pays?
1. Quel est le château le plus célèbre de votre pays?
2. Quand a-t-il été construit? Par qui? Quelles sont ses caractéristiques?
3. Quelles anecdotes ou quels événements importants se sont déroulés dans ce château?

Le Nord et l'Est

Les cinq régions qui forment le Nord et l'Est de la France séparent notre pays de la Belgique, du Luxembourg et de l'Allemagne. Avec plus de onze millions d'habitants, elles représentent près de 20% de la population française. Ce sont :
– le Nord Pas-de-Calais, (capitale Lille) qui regroupe deux départements très peuplés (4 millions d'habitants) ;
– la Picardie (capitale Amiens), avec trois départements, au caractère plus rural, 1,8 million d'habitants ;
– la Champagne-Ardenne (capitale Châlons-en-Champagne), quatre départements, 1,3 million d'habitants ;
– la Lorraine (capitale Metz), quatre départements, 2,3 millions d'habitants ;
– l'Alsace, avec deux départements, 1,7 million d'habitants (capitale Strasbourg) est, en superficie, la plus petite région française.

IMAGE

Les Français qui n'habitent ni le Nord ni l'Est s'en font en général une idée sommaire, et en grande partie fausse ; ce sont pour eux des régions tristes, avec des paysages industriels, des mines de charbon (on parle du «pays noir»), et il y fait froid. Cette image négative est encore renforcée par le fait que ce sont les régions de France les plus touchées par les guerres, du Moyen Age au XXe siècle. Mais ce sont aussi des régions riches en monuments, présentant souvent de très beaux paysages (côte de la mer du Nord, Ardennes, Vosges…), et où, malgré un climat assez rude, il fait bon vivre, comme le montrent les fêtes colorées que sont les «kermesses» du Nord ou les Noëls alsaciens.

HISTOIRE

Ces régions frontières («marches») ont toujours été le théâtre de grandes batailles et d'invasions étrangères, même si certaines de ces provinces (la Lorraine, l'Alsace) ont été tardivement françaises. A Bouvines (1214) le roi Philippe Auguste vainquit l'empereur d'Allemagne ; à Crécy, en 1346, au début de la guerre de Cent Ans, le roi d'Angleterre, Edouard III, battit le roi de France, Philippe VI, grâce à ses archers et aux «bombardes», les tout premiers canons. En 1415, les Français furent écrasés par les Anglais à Azincourt; mais trois ans plus tôt était née Jeanne d'Arc, à Domrémy, petit village de Lorraine; elle sera nommée par le roi Charles VII chef de l'armée et commencera à «bouter* les Anglais hors de France», avant d'être brûlée par eux à Rouen.

Au XVIIᵉ siècle, la Lorraine est dévastée pendant la guerre de Trente Ans; les Espagnols et les Français s'affrontent à Rocroi (1643). Les troupes de la Révolution, en 1792, livrent une célèbre bataille à Valmy, qui, selon Gœthe, «ouvre une ère nouvelle». La même année est composé à Strasbourg, par Rouget de Lisle, le «chant de guerre pour l'armée du Rhin», qui deviendra l'hymne national, *la Marseillaise*. En 1814, la Marne voit les derniers combats de Napoléon Iᵉʳ; en 1870, Napoléon III doit capituler devant les Prussiens à Sedan. Mais tout le Nord et l'Est furent le théâtre des combats les plus meurtriers pendant la Première Guerre mondiale, sur la Marne, sur la Somme, à Verdun où se battirent plusieurs millions d'hommes et où moururent plus de 400 000 soldats de chacune des deux armées. Durant la Seconde Guerre mondiale, malgré la ligne Maginot*, qui devait empêcher l'invasion allemande, il y eut de durs combats en 1940, puis en 1944-1945, dans les Vosges, dans les Ardennes et en Alsace.

Toutes ces régions sont riches en architecture militaire, de la citadelle de Lille, due au grand architecte Vauban, aux forts de Verdun (Vaux, Douaumont).

PAYSAGES

– La côte de la Manche et du Pas-de-Calais borde un arrière-pays de collines, traversé de belles rivières. De la baie de la Somme à la frontière belge, c'est la Côte d'opale, avec ses plages (Le Touquet-Paris-Plage) et ses falaises qui, à partir du cap Gris-nez font face à celles de l'Angleterre : 38 km seulement séparent Douvres de Calais. Boulogne est le premier port de pêche fraîche de la Communauté européenne, et le deuxième port de voyageurs français. Le premier est Calais, où s'ouvre le tunnel sous la Manche. La ville est célèbre par l'épisode des «bourgeois de Calais», qui se sacrifièrent pour éviter un massacre des habitants par les Anglais en 1346, et qui furent immortalisés par l'œuvre du sculpteur Rodin.

– Lille est la capitale régionale du Nord - Pas-de-Calais, avec 190 000 habitants. C'est un centre universitaire (quatorze écoles d'ingénieurs), et industriel (filatures, industries mécaniques et chimiques). L'aspect de la ville rappelle la présence des Espagnols au XVIIᵉ siècle. C'est une cité commerçante animée, où l'on trouve la plus grande librairie de France (Le Furet du Nord). Tous les ans s'y déroule la «Grande Kermesse», caractéristique des villes flamandes. Au sud de Lille s'étend le bassin* houiller, sur une centaine de kilomètres, dont l'activité a progressivement diminué, mais qui a marqué le paysage, avec les puits de mines et les longues rues de petites maisons basses, les «corons», où habitent les «gueules noires» (mineurs). Plus au sud encore, s'étend la Picardie, riche région agricole, dont Amiens est le centre. Le Nord et la Picardie sont traversés par de nombreux canaux, qui donnent au paysage son aspect particulier.

– La Champagne est un vaste ensemble de plateaux, à la végétation rare («Champagne pouilleuse»); l'activité industrielle y est variée, du textile à la métallurgie. La seule région de Troyes représente près du quart de la bonneterie française. La ville la plus connue est Reims (122 000 habitants), au centre d'un des vignobles les plus célèbres du monde.

Le Champagne

Le champagne est d'abord un vin parmi d'autres; c'est à la fin du XVIIe siècle que Dom Pérignon perfectionne la préparation. C'est un assemblage de raisins rouges (75%) et blancs (25%). Après une première fermentation, on ajoute du sucre de canne et des levures. Il se fait alors une seconde fermentation; au bout de deux à trois ans, un dépôt se forme, et les bouteilles sont remuées, pour que ce dépôt se fasse près du bouchon, et qu'on puisse l'éliminer.

– Au nord de la région, les Ardennes sont un massif montagneux dont la plus grande partie est en Belgique. Il est traversé par la vallée de la Meuse. C'est une région de forêts et d'élevage, mais avec une industrie métallurgique, textile, et de biens d'équipement (électroménager).

Au sud-est s'étendent le plateau lorrain et les Vosges, massif primaire qui domine la plaine d'Alsace.

– La Lorraine est dans son ensemble une région agricole, sauf le nord de la région, qui forme un carrefour entre la France et les pays voisins, et qui est essentiellement industriel, grâce à un important bassin houiller et des gisements* de minerai de fer (bassins de Briey et Longwy). De là est née une industrie sidérurgique (Aciéries de Lorraine-Sacilor) avec 50% de la production nationale.

Les deux grandes villes historiques de Lorraine sont Metz et Nancy. Cette dernière est une ville d'art, dont la place Stanislas (XVIIIe siècle), avec ses grilles, ses pavillons, ses balcons, ses fontaines, est inscrite au Patrimoine mondial; c'est aussi un centre universitaire et une importante technopole*.

Les Vosges, massif primaire auquel correspond, de l'autre côté du Rhin, la Forêt noire, s'étendent sur plus de 125 km du nord au sud. Les sommets, arrondis (les «ballons») sont assez peu élevés (1 424 mètres pour le Grand Ballon), dominant de hauts pâturages, des pentes couvertes de sapins et trouées de lacs (Gerardmer…). C'est une région de petite industrie : textile (Saint-Dié), papeterie (Epinal, où l'on imprimait autrefois des images simples et colorées, et dont le nom – image d'Epinal – est synonyme de «stéréotype»), verrerie (Baccarat). Les Vosges sont riches en stations thermales réputées (Vittel, Contrexeville) et le tourisme fait une bonne partie de sa richesse.

La «ligne bleue des Vosges»

Ce terme désignait, entre 1871 et 1914, la frontière entre l'Allemagne, qui avait annexé l'Alsace, et la France. Avoir l'œil fixé sur la ligne bleue des Vosges désigne encore un nationalisme rigide.

La plaine d'Alsace n'a, entre le Rhin qui forme la frontière avec l'Allemagne et les Vosges, qu'une vingtaine de kilomètres de large. C'est une riche région agricole, qui produit du tabac, du houblon pour l'élaboration de la bière, des fruits, et possède un vaste vignoble, sur les premières pentes des Vosges; dans les villages ou petites villes pittoresques, avec leurs maisons à colombage* et leurs nids de cigognes, comme Riquewihr ou Kaysersberg, on fait un vin – Riesling ou Traminer – de réputation mondiale.

Strasbourg, la «Petite France».

L'industrie n'est pas absente, en particulier par la production de potasse. Au sud, Mulhouse (109 000 habitants) est depuis le XVIIIe siècle connu par ses fabriques de toile. Au nord, Strasbourg (252 000 habitants), capitale régionale, longtemps disputée entre la France et l'Allemagne, est le siège de l'Assemblée européenne. C'est une ville d'art et une ville universitaire, avec de nombreux centres de recherche, mais c'est aussi le deuxième port fluvial de France. Le grand canal d'Alsace double le Rhin sur 51 kilomètres; il est plus large que le canal de Suez et permet d'assurer la navigation de plus de 30 000 bateaux par an entre Bâle et Strasbourg.

ART DE VIVRE

Un climat rude, le froid, la pluie, la neige n'empêchent pas une certaine joie de vivre, et développe au contraire le sens du confort, des réunions entre amis et des fêtes. Dans les kermesses ou les «ducasses» des Flandres, la bière coule à flots; on pratique encore des jeux qui remontent au Moyen Age, comme le tir à l'arc. En Alsace, la fin de l'année est animée par le «marché de Noël» où l'on peut se procurer, un mois à l'avance, tout ce qui est nécessaire pour la fête, victuailles et décorations.

La gastronomie de ces régions se caractérise par des nourritures souvent fortes et lourdes : potée champenoise (à base de porc, de chou et de pommes de terre) ou lorraine, choucroute alsacienne (avec du chou fermenté). La Lorraine a aussi donné son nom à la «quiche», une tarte à base de lard et de crème. Plus apprécié par les connaisseurs est le foie gras, l'une des spécialités de l'Alsace. On y produit aussi des eaux-de-vie de cerise (Kirsch).

ART-MONUMENTS

Malgré les destructions dues aux guerres, le Nord et l'Est ont beaucoup de richesses artistiques, en particulier quelques-unes des plus illustres cathédrales gothiques. L'une des plus anciennes est celle de Laon, avec ses tours de 56 mètres de hauteur. Celle de Beauvais vit sa nef et sa tour s'effondrer; celle d'Amiens (inscrite au Patrimoine mondial), dont la nef mesure 145 mètres de long et 42,30 mètres de haut (la plus haute de France), possède de magnifiques stalles de la Renaissance.

Les stalles sont destinées aux prêtres ou aux moines dans le chœur. Chacun dispose d'un siège qui peut se relever et forme alors la «miséricorde», qui permet de rester debout sans fatigue, pendant les longs offices. Les stalles sont généralement sculptées, avec des décors variés (personnages, souvent expressifs, fleurs, feuillages stylisés...).

La cathédrale de Reims (inscrite elle aussi au Patrimoine mondial), l'une des plus grandes du monde chrétien, présente une façade ornée de statues dont le célèbre «ange au sourire». C'est à Reims qu'étaient sacrés les rois de France.

En Lorraine, la cathédrale de Metz se signale par de magnifiques verrières (6 500 m²) qui lui ont valu le surnom de «lanterne du Bon Dieu».

En Alsace, la cathédrale de Strasbourg a une silhouette unique, car une seule tour (142 mètres au-dessus du sol) a pu être terminée, sa construction ayant demandé plusieurs siècles. Célébrée par Goethe, elle est inscrite au Patrimoine mondial.

Le Nord et l'Est sont aussi riches en magnifiques ensembles urbains, comme Colmar, en places monumentales (Nancy), en beffrois (tours avec horloge, à Lille ou Calais) et châteaux (Palais Rohan à Strasbourg).

Des peintres de renom y ont vécu ou créé : Mathias Grünewald, Georges de la Tour, les frères Le Nain, Callot, qui a peint la série *Misères et Malheurs de la guerre*.

PARLÉ, ÉCRIT

La langue du Nord, ou langue d'oil (= oui) s'oppose à celle du Midi ou langue d'oc. C'est d'elle que naîtra le français moderne, et c'est d'elle que se serviront les premiers écrivains : Chrétien de Troyes, au XIIe siècle, chante les aventures de Lancelot et de Perceval ; au XIIIe siècle, ce sont les trouvères*, poètes lyriques, Villehardouin qui raconte la vie de Saint Louis, Adam de la Halle, l'un des premiers auteurs de théâtre. Au XIVe siècle, Froissart tient la chronique de la guerre de Cent Ans, et au XVe siècle Commines se fait l'historien de Louis XI. Parmi les grands écrivains du Nord, il y aura, au XIXe siècle, l'historien Michelet, le critique Taine et le poète «maudit», Rimbaud.

L'Alsace est à part : sa langue courante est un dialecte proche de l'allemand, qui appartient au groupe linguistique souabe. Au XIXe siècle, Erckmann et Chatrian contribuèrent à créer une mythologie historique alsacienne (*L'Ami Fritz*).

Quelques lignes de Victor Hugo (1802-1885)
Strasbourg

«J'ai ma fenêtre ouverte sur la place d'Armes. J'ai à ma droite un bouquet d'arbres, à ma gauche le Munster, devant moi, au fond de la place une maison du XVIe siècle, fort belle, quoique badigeonnée en jaune avec contrevents verts ; derrière cette maison, les hauts pignons d'une vieille nef où est la bibliothèque de la ville ; au milieu de la place une baraque en bois d'où sortira, dit-on, un monument pour Kléber ; tout autour, un cordon de vieux toits assez pittoresques [...] Le Munster est véritablement une merveille. Les portails de l'église sont beaux, particulièrement le portail roman ; il y a sur la façade de très superbes figures à cheval, la rosace est noble et bien coupée, toute la face de l'église est un poème savamment composé. Mais le véritable triomphe de cette cathédrale, c'est la flèche...»

Le Rhin, lettres 29 et 30

Cathédrale de Strasbourg. Portail sud (roman).

EXERCICES

14 /

Voici un passage d'une célèbre chanson d'Enrico Macias : « Les gens du Nord » :

« Les gens du Nord ont dans leur cœur la chaleur qu'ils n'ont pas dehors. »

Comment et dans quelles circonstances peut se manifester cette chaleur ?

15 /

Strasbourg, ville européenne
1. Quelles institutions européennes sont situées à Strasbourg ?
2. Quand a été signé le traité de Rome instituant le Marché commun (CEE) et l'Euratom (CEEA Communauté économique de l'énergie atomique) entre les six pays signataires de la CECA (Communauté économique du charbon et de l'acier) France, Belgique, Italie, Pays-Bas, Luxembourg et RFA (République fédérale d'Allemagne) ?
3. Que représente le drapeau au fronton du Parlement européen ?
4. Qu'est-ce que l'euro ?

16 /

Les pays du Nord et de l'Est ont été le théâtre de grandes batailles. Contre quels pays ont-elles été livrées au cours de l'histoire ? Quelles armées se trouvaient opposées pendant la Première Guerre mondiale ?

17 /

Qu'est-ce qui a favorisé le développement industriel du Nord et de l'Est ? Quelles sont les raisons des difficultés actuelles ?

18 /

A partir de quels produits fabrique-t-on la bière ?

19 /

Beaucoup de grandes cathédrales gothiques se trouvent dans le Nord et l'Est. Quels en sont les principaux caractères (dimensions, mode de construction, ouvertures, décoration, etc.) ?

Le Centre-Est : le Jura et les Alpes

IDENTITÉ

Le long de la Suisse et du nord de l'Italie s'étendent deux régions, d'importance inégale :
- la Franche-Comté, 1,1 million d'habitants avec quatre départements et dont la capitale est Besançon ;
- Rhône-Alpes, 5,3 millions d'habitants, la deuxième région la plus peuplée de France, avec six départements, et dont la capitale est Lyon.

IMAGE

L'image de ces régions est double, évoquant à la fois la montagne et la plaine, la nature et l'industrie, la ville et la campagne. Le Jura c'est pour beaucoup l'horlogerie, de sombres forêts de sapins, le «pôle du froid», le fromage de Comté et le ski de fond. Parler des Alpes, c'est d'abord nommer le sommet de l'Europe, le mont Blanc, les grands massifs montagneux, les Jeux olympiques d'hiver (Chamonix, Grenoble, Albertville), le ski, l'escalade ; c'est aussi se rappeler l'essor économique né de l'hydroélectricité, la «houille blanche». C'est encore évoquer le caractère des habitants, habitués à la «résistance» : les Allobroges contre les Romains, les Dauphinois contre les Savoyards, les luttes de 1944 lors de la Libération. La Drôme et l'Ardèche apparaissent comme le paradis de ceux qui refusent la vie moderne et cherchent un retour à la nature. Enfin, la région lyonnaise évoque à la fois l'activité industrielle et la gastronomie, un mélange de modernité et de tradition.

HISTOIRE

Les régions du Centre-Est ont été parmi les plus actives pendant la période gallo-romaine : Besançon était la capitale de la Séquanée. Vienne, capitale des Allobroges, devint une grande capitale gallo-romaine, et Lyon fut en 27 avant J.-C. capitale des Gaules, avant d'être l'un des premiers centres du christianisme. Le Dauphiné fut rattaché à la France en 1349.

Du XIVᵉ siècle au XVIIᵉ siècle, la Franche-Comté dépendit du duc de Bourgogne, puis de l'empereur de l'Autriche, et resta sous la domination de l'Espagne jusqu'en 1674. C'est à Grenoble, en 1788, qu'eurent lieu les premières assemblées préparant la Révolution. Lyon s'opposa en 1793, au gouvernement central (la Convention); la ville fut débaptisée, menacée d'être détruite, et le régime de la Terreur y fit de nombreuses victimes.

La Savoie, partie du royaume de Piemont-Sardaigne, ne fut rattachée à la France qu'en 1860.

En 1943-1944, la résistance à l'occupation allemande fut particulièrement active en Savoie et en Dauphiné, marquée par les combats du Vercors, et valut à la ville de Grenoble le titre de «Compagnon de la Libération».

Elément d'une stalle (abbaye d'Ambronay)

PAYSAGES

—Les monts du Jura bordent la Suisse, en forme de croissant, sur 300 km de long et 70 km de largeur moyenne. C'est un haut plateau, qui culmine à 1 718 mètres au Crêt de la Neige, et qui s'incline en pente douce vers l'ouest. La forêt (sapins) occupe près de 40% du territoire, et l'on comprend que l'industrie et l'artisanat du bois (meubles, jouets) restent vivants. L'élevage permet une forte production laitière, en partie utilisée pour la fabrication du fromage, le comté ou «gruyère français», pour lequel 600 litres de lait donnent une «meule» de 48 kilos.

La capitale régionale, Besançon en est la principale ville (114 000 habitants) avec une université et un centre d'industrie horlogère. D'autres industries sont implantées en Franche-Comté: céramique sanitaire, chlorure de polyvinyle (40% de la production française), locomotives électriques (Alstom à Belfort) et construction automobile (Peugeot à Sochaux-Monbéliard).

Valmorel en Savoie, une nouvelle station de ski... à l'ancienne.

La Savoie, plus au sud, formée de deux départements (Haute-Savoie avec Annecy, Savoie avec Chambéry), recouvre les Alpes du Nord, sur une centaine de kilomètres, du lac Léman (ou lac de Genève) à la vallée de l'Isère, au sud. C'est le domaine des «grandes Alpes» dont le massif du Mont-Blanc est l'image la plus commune (le sommet de l'Europe culmine à 4 807 mètres). Trois grandes vallées, toutes trois fortement industrialisées, parcourent la Savoie (Arve, Arc et Isère) et, grâce à l'énergie hydroélectrique, se sont développées d'importantes usines d'électrochimie et d'électrométallurgie; les centrales électriques sont alimentées par de gigantesques barrages (Tignes, Roselend). Le tourisme n'en a pas moins gagné sa place – chacun connaît Chamonix, où eurent lieu les premiers Jeux olympiques d'hiver en 1924, et où s'ouvre le tunnel du Mont-Blanc qui permet un passage facile en Italie; c'est là que se retrouvent les alpinistes du monde entier pour des escalades d'hiver ou d'été; le téléphérique de l'Aiguille du Midi (3 842 mètres), la Mer de Glace (glacier de 14 km de long) attirent particulièrement les touristes, qui fréquentent aussi les nombreuses stations de renommée mondiale (Val-d'Isère, Megève, Tignes, Courchevel...). Albertville accueillit les Jeux olympiques d'hiver en 1992.

Albertville, site des Jeux olympiques de 1992. © G. Pichard

Les villes sont des «villes moyennes» où se réalise l'équilibre entre industrie et tourisme : Annecy (50 000 habitants), avec son lac et ses usines d'articles de sport, Salomon-Adidas ; Aix-les-Bains, Evian, Thonon, stations thermales, Chambéry (54 000 habitants) centre commercial et culturel, ancienne capitale historique de la Savoie, avec une université en développement.

Chedde, une usine au pied du mont Blanc

Non loin de Chamonix, dans la vallée de l'Arve s'installe à la fin du XIXe siècle une usine chimique fabriquant des chlorates, puis des explosifs – la «cheddite» –, et de l'aluminium. Après la Seconde Guerre mondiale, elle se spécialise dans la production de graphite nucléaire. Née avec le développement de l'hydroélectricité, l'usine connaît une situation difficile, avec la perte de nombreux emplois, les problèmes d'environnement devenant de plus en plus sensibles.

Le nom de Dauphiné date du Moyen Age, le comte Guigues ayant pris le nom de «dauphin» (prénom latin, Delphinus, qui correspond à l'animal marin ami des hommes, selon la légende). Lorsque le Dauphiné devint partie du royaume de France, en 1349, le fils aîné du roi devint seigneur de la province et porta désormais le titre de «dauphin». Dans l'usage courant, le mot désigne actuellement le successeur supposé d'un personnage important.

Le Dauphiné recouvre la partie centrale des Alpes, avec de très hauts massifs dépassant 4 000 mètres d'altitude (Pelvoux, Oisans), ses glaciers, ses routes impressionnantes (cols du Galibier, 2 645 mètres, de l'Iseran, 2 770 mètres) et ses stations de sports d'hiver, l'Alpe-d'Huez, Chamrousse, sites des Jeux olympiques d'hiver en 1968.

A la Grande-Chartreuse, la cour d'entrée du monastère.

Mais le Dauphiné est aussi constitué par deux massifs calcaires, la Chartreuse et le Vercors, moins élevés, régions d'élevage et de tourisme. C'est en Chartreuse que se trouve le monastère de la Grande Chartreuse, fondé en 1084 par saint Bruno. Au confluent des vallées de l'Isère et du Drac s'étend la ville de Grenoble (151 000 habitants, plus de 440 000 avec l'agglomération), connue autrefois comme la capitale de la ganterie. C'est un grand centre industriel (électronique, informatique, chimie...) avec une importante université de plus de 50 000 étudiants, des centres de recherche, comme le Centre d'études nucléaires et le «Synchrotron européen». La vallée de l'Isère, très riche, produit la célèbre noix de Grenoble. Au sud, entre le Vercors et la vallée du Rhône, s'étend le département de la Drôme, qui rattache le Dauphiné au Midi de la France, avec un climat plus chaud et une végétation méditerranéenne (olivier, lavande), et dont la capitale, Valence, avec plus de 100 000 habitants, est un centre industriel et commercial important.

– Autour du Rhône s'étendent des régions très variées. Au nord du fleuve, à sa sortie du lac Léman et touchant au Jura, le Bugey est encore un pays de montagne moyenne. La Bresse, plus basse, est connue par ses élevages de volailles et ses industries agroalimentaires, et la Dombes, avec ses milliers d'étangs, une réserve pour les poissons et les oiseaux.

Lyon, capitale de la région Rhône-Alpes, au confluent du Rhône et de la Saône est la grande métropole du Centre-Est, qui dispute à Marseille la place de deuxième ville de France, avec 1,1 million d'habitants. Lyon fut un carrefour commercial avec sa célèbre foire, à la fin du Moyen Age, et fut une des toutes premières villes où se développa en Europe l'imprimerie, avec 100 ateliers en 1515. Son essor est aussi dû à l'industrie de la soie, dès le XVIe siècle.

La soierie lyonnaise

Au XVIe siècle, la soie venait de l'Italie. A la fin du règne de François Ier, on comptait à Lyon 18 000 métiers à tisser. Au début du XIXe siècle fut inventé le métier à tisser de Jacquard, à cartes perforées. Le passage à l'ère industrielle fut marqué par des soulèvements populaires (1831-1832). A partir de 1875, l'introduction du métier mécanique et la mode précipitèrent le déclin de la soierie, accentué par la découverte de la soie artificielle. Mais la ville est restée marquée par la présence des ouvriers de la soie, les «canuts», dans le quartier de la Croix-Rousse, qui a conservé son aspect historique avec ses passages couverts (les «traboules»); et le musée des Tissus abrite des collections uniques en Europe.

Lyon est aussi une grande cité moderne, avec plusieurs universités, un port fluvial sur le Rhône parmi les plus actifs. Au sud de la ville, s'étend un «couloir industriel», animé par un immense complexe pétrochimique (Feyzin).

Sur la rive droite du Rhône se succèdent des paysages variés du Massif central : le Forez, au nord, avec ses montagnes verdoyantes et la riche plaine agricole entourant Roanne, grand centre d'industrie textile, où l'on fabrique aussi pour l'armée le char Leclerc. Le Beaujolais est un ensemble de collines couvertes d'un vignoble qui donne un vin mondialement connu. Le bassin de Saint-Etienne – dont l'agglomération compte 450 000 habitants – s'est développé autour des mines de charbon, donnant naissance à une industrie métallurgique, avec, dès 1746, une manufacture d'armes. C'est à Saint-Etienne qu'a été mis en service, en 1827, le premier chemin de fer français sur 21 kilomètres. De nos jours, l'industrie s'est diversifiée (mécanique de précision, électronique) et l'université qui s'est créée a fait naître des centres de recherche. La ville est aussi connue par son école d'ingénieurs... et son équipe de football.

Le Vivarais, enfin, est un pays plus sauvage, de montagnes moyennes traversées par des rivières pittoresques : gorges du Chassezac et de l'Ardèche, qui attirent les canoéistes de toute l'Europe. C'était autrefois une grande région d'élevage du ver à soie.

ART DE VIVRE

Les fêtes du Jura et des Alpes sont celles de tous les pays de montagne, et suivent le rythme des saisons : fête des guides à Chamonix, fête du raisin à Arbois, fête du lac à Annecy, fêtes nautiques sur le Rhône. Lyon célèbre le 8 décembre la fête de la lumière, et, tout le long de l'année on peut assister aux spectacles de «Guignol», une marionnette qui représente l'esprit satirique des Lyonnais. Lyon possède un opéra et, dans de nombreuses villes, ont lieu des rencontres musicales : musique classique à Besançon ou Evian, jazz à Vienne.

La gastronomie dépend naturellement des produits locaux : charcuterie (saucisson chaud) et quenelles (petit rouleau de pâte avec du veau, du poisson ou de la volaille) à Lyon, volailles de la Bresse, fromages (comté) dans le Jura, fondue (fromage fondu avec du vin blanc, dans lequel on trempe des morceaux de pain) en Savoie, noix et pommes de terre en Dauphiné, où est né le gratin dauphinois.

Le gratin dauphinois

Certains disent que le mot «gratin» vient du nom latin de Grenoble, «Gratianopolis». Quelle que soit son origine, c'est un plat de pays pauvre, à base de pommes de terre et de lait, dont il existe de nombreuses variantes. Une recette simple : couper les pommes de terre épluchées en fines rondelles. Les faire cuire doucement au four dans du lait ou de la crème légère – pendant quarante-cinq minutes à une heure – dans un plat frotté d'ail, avec sel, poivre, noix de muscade, et des noisettes de beurre sur le dessus.

Comme dans la plupart des régions de France, les vins régionaux accompagnent la cuisine : vin d'Arbois dans le Jura, vins de Savoie, des Côtes du Rhône et du Beaujolais, célèbre à Lyon (on dit que la ville est arrosée par trois fleuves, le Rhône, la Saône... et le Beaujolais!) et dans le monde entier grâce à une publicité exceptionnelle.

ART-MONUMENTS

L'époque préhistorique a laissé, dans l'Ardèche, une magnifique caverne ornée, la «grotte Chauvet», la plus ancienne de toutes les grottes de ce genre (30 000 ans). L'époque gallo-romaine est surtout présente par ses monuments à Vienne, avec un théâtre, un temple, et la cité portuaire de Saint-Romain-en-Gal, et à Lyon avec deux théâtres, dont l'un était le plus grand de la Gaule. Le musée de la civilisation gallo-romaine y présente une très riche collection de statues de tombeaux et d'objets variés.

Du Moyen Age restent de nombreux châteaux forts, la plupart en ruine, quelques-uns reconstruits (Annecy, Chambéry) et des ensembles urbains comme la cité de Pérouges. Les églises romanes sont nombreuses, en Savoie, en Dauphiné, dans la Drôme ou en Ardèche, souvent dans la campagne, et, plus grandes, dans les villes : à Grenoble (Saint-Laurent, l'une des plus anciennes de France), à Lyon (Ainay), à Vienne, à Tournus (Saint-Philibert, avec une magnifique nef du XIIᵉ siècle). Toutes les formes du gothique se rencontrent (Vienne, Lyon, Grenoble, abbaye de Saint-Antoine). L'une des plus belles églises, dont le style est gothique tardif – ou flamboyant – est celle de Brou, à Bourg-en-Bresse où se trouvent les tombeaux magnifiquement sculptés des ducs et duchesses de Bourgogne. L'architecture Renaissance et classique est visible dans les vieux quartiers et à l'hôtel-Dieu (hôpital) de Lyon, à Besançon (palais Granvelle), dans la ville idéale d'Arc-et-Senans (inscrite au Patrimoine mondial) où devaient vivre les ouvriers d'une saline*, au château de Grignan où vécut Mme Sévigné. L'art baroque, très rare en France, est présent par les décorations des petites églises de campagne en Savoie. Deux exemples de l'art architectural du XIXᵉ siècle sont l'abbaye de Hautecombe, en Savoie, et la basilique de Fourvière, qui domine Lyon, dans un curieux style byzantin, tandis que l'art moderne a inspiré des stations de ski (Avoriaz) ou la gare du TGV de Lyon-Satolas.

PARLÉ, ÉCRIT

Il n'y a pas de langue propre aux régions du Centre-Est où l'on utilise de plus en plus rarement les langues locales, les «patois», dérivés du franco-provençal et différents d'une région à l'autre. Lyon fut, au XVIᵉ siècle, le centre d'une école poétique dans laquelle se distingue Louise Labé, la «belle cordière». Besançon, où est né Victor Hugo, est la patrie de Charles Nodier, auteur de contes fantastiques à l'époque romantique. Voltaire a rendu célèbre le village de Ferney et Rousseau, Genevois d'origine, Chambéry. Grenoble a vu naître Stendhal qui raconte son enfance et son adolescence dans son autobiographie *Vie de Henry Brulard*. Le Jura a donné un des plus grands peintres réalistes, Gustave Courbet. Dans le Dauphiné ont vécu le compositeur romantique Berlioz, et, plus près de nous, l'écrivain Paul Claudel.

Parmi les hommes célèbres à d'autres titre, il faut citer le Grenoblois Vaucanson, inventeur d'automates au XVIIIᵉ siècle, le physicien lyonnais Ampère, Montgolfier, qui réussit les premières ascensions en ballon à la fin du XVIIIᵉ siècle, ou encore Thimonnier, inventeur de la machine à coudre. C'est à Lyon que fut réalisé en 1896 le premier film du «cinématographe», *La sortie des usines Lumière*.

Quelques lignes de Stendhal (1783-1842)
La vallée de l'Isère

«Tout à coup se découvre à vos yeux un immense paysage, comparable aux plus riches de Titien. L'Isère, fort large, arrose la plaine la plus fertile, la mieux cultivée, la mieux plantée, et de la plus riche verdure. Au-dessus de cette plaine, la plus magnifique peut-être dont la France puisse se vanter, c'est la chaîne des Alpes, et des pics de granit se dessinant en rouge noir sur des neiges éternelles qui n'ont pu tenir sur leurs parois trop rapides.»

Mémoires d'un touriste

EXERCICES

20 /

Retrouvez la bonne réponse parmi celles qui vous sont proposées.

1. La Révolution française a commencé à Grenoble. On a changé à cette période le nom de la ville parce qu'elle contenait le mot «noble». Comment Grenoble s'est-elle appelé pendant quelques mois ?

Egalité-ville – Grelibre – Grefrère

2. Combien de personnes ont été guillotinées à Grenoble pendant la période révolutionnaire ?

2 – 222 – 2 222

3. Qu'est-ce que Danton, un des chefs du comité de salut public pendant la Révolution française a dit de Lyon ?

«Lyon veut rester royaliste, alors elle mourra.»
«Lyon fit la guerre à la liberté, Lyon n'est plus.»
«Lyon tout entière sera guillotinée.»

4. Le sommet du mont Blanc appartient en réalité :

à la Suisse – à l'Italie – à la France

5. Il fut conquis pour la première fois en : 1786 – 1787

6. Un des lacs des Alpes dessine une frontière avec un autre pays. Quel lac avec quel pays ?

le lac d'Annecy avec la Suisse – le lac Léman avec la Suisse – le lac Majeur avec l'Italie

7. Chambéry est française depuis :

1515 – 1789 – 1860

8. Deux de ces villes ne sont pas des stations de ski :

Val-Thorens – Val-d'Isère – Courchevel – Evian – Tignes – Besançon

9. Les rames du TGV sont construites à côté de :

Belfort – Lyon – Saint-Etienne – La Rochelle

21 /

1. La grotte Chauvet en Ardèche présente sur ses parois de remarquables dessins et peintures. Le site est interdit mais un musée présentera bientôt, juste à côté, une copie de ces merveilles.
Quels animaux ne sont pas représentés dans les grottes préhistoriques ?

le lion – le cheval – le bison – le mammouth – le dinosaure – le chat – l'aigle

2. Parmi ces vins d'appellation origine contrôlée (AOC), deux ne font pas partie des vins du Beaujolais :

Saint-Amour – Chiroubles – Saint-Emilion – Moulin-à-vent – Morgon – Châteauneuf-du-Pape

3. Quel matériel n'est pas utilisé par un alpiniste ?

une corde – un piolet – des crampons – un mousqueton – un harpon – un sac à dos – une petite bouteille de cognac

4. Lesquels de ces sports ne sont pas des sports de neige ou de glace ?

le surf – le ski de piste – les raquettes – le ski de fond – la randonnée équestre – le patinage de vitesse – le parachutisme

5. Quel nom n'a aucun lien avec l'hydroélectricité ?

un barrage ou une retenue d'eau – un réacteur nucléaire – une turbine – une chute d'eau – EDF

6. Quelles spécialités gastronomiques ne sont pas associées au bon terroir ?

volailles de Bresse – noix de Lyon – gratin de pommes de terre du Dauphiné – vins de Savoie – charcuterie de Grenoble

22 /

Et dans votre pays ?
1. Existe-t-il des montagnes enneigées ?
2. Pratiquez-vous un sport de glisse ? Si oui, lequel ?
3. Quel type de stations de sports d'hiver préférez-vous : les stations-villages, les stations d'altitude, les « usines à ski » ?

La France méditerranéenne

Trois régions sont baignées par la Méditerranée : Provence - Alpes - Côte d'Azur à l'est, Languedoc-Roussillon à l'ouest et l'île de Corse, à 160 kilomètres au sud des côtes.

En chiffres :

Provence - Alpes - Côte d'Azur (capitale Marseille) – 4,4 millions d'habitants et six départements.

Languedoc-Roussillon (capitale régionale Montpellier) – 2,2 millions d'habitants et cinq départements.

Corse (capitale régionale Ajaccio) – 260 000 habitants (la moins peuplée de France) et deux départements : Corse du Sud, Haute-Corse.

IMAGE

Les pays de la Méditerranée – ou Sud de la France, familièrement «le Midi» – sont pour beaucoup le symbole d'une vie au soleil, des vacances, de la mer. Les Français du Nord, et les étrangers, en rêvent comme d'un paradis. Tous les étés, les autoroutes qui y conduisent (l'A6, «autoroute du Soleil») connaissent bouchons et ralentissements. Des centaines de trains (TGV) supplémentaires sont mis en service, remplaçant le légendaire «Train bleu», Paris-Lyon-Marseille-Côte d'Azur.

Cette opposition entre Nord et Midi est aussi sensible sur le plan économique et culturel : la France romane au sud, la France gothique au nord, pays de langue d'oc/pays de langue d'oil.

Le mythe d'un Midi voué aux vacances n'est cependant plus tout à fait vrai : les pays de la Méditerranée n'attirent plus seulement retraités et vacanciers*, mais aussi une population active et dynamique, soucieuse de concilier le travail et un cadre de vie agréable : le meilleur exemple en est sans doute le complexe scientifique de Sophia-Antipolis, sur la Côte d'Azur, qu'on qualifie volontiers de «Silicon Valley» française.

HISTOIRE

Les pays de la Méditerranée ont été peuplés très tôt grâce à leur climat favorable, comme en témoignent les gisements préhistoriques de Tautavel, de la grotte Cosquer ou de Menton. Très tôt également (VIe siècle avant J.-C.), le lit-

toral fut colonisé par les Grecs, puis par les Romains. Au Moyen Age, la Provence fut le centre d'une civilisation originale et brillante, avec sa langue et sa littérature – en particulier avec la poésie des «troubadours».

Les guerres de Religion, au XVIe siècle, puis à la fin du XVIIe siècle, lorsque les protestants furent persécutés, y prirent un caractère très violent. Dans une région qui connut moins les guerres que les provinces du Nord, le développement culturel, de l'époque classique à nos jours, fut important. Le comté de Nice ne fut définitivement rattaché à la France qu'en 1860 (comme la Savoie), et certaines vallées à la frontière italienne (Tende, la Brigue), en 1947.

PAYSAGES

Le Midi est un pays de contrastes. Dans la région Provence - Alpes - Côte d'Azur se trouvent la commune la plus haute de France (Saint-Véran, 2 042 mètres), quelques-uns des plus hauts sommets d'Europe (la Barre des Écrins, 4 103 mètres), et des grandes villes (Marseille, Nice) au niveau de la mer; la ville la plus froide (Embrun, 9°4 en moyenne annuelle) et la plus chaude (Toulon, 15°3); la troisième ville de France (Marseille), le département le moins peuplé (la Lozère avec 72 814 habitants) et la plus petite commune de France (Claudies-de-Conflent, deux habitants).

Les Hautes-Alpes

C'est un paysage classique de montagne : hauts sommets qui, même en plein été, gardent leurs glaciers et leurs névés*, sombres forêts de sapins, torrents tumultueux, alpages où le bétail monte en transhumance* et, l'hiver, un immense domaine laissé aux skieurs. Mais les Hautes-Alpes sont proches de la Méditerranée, et, plus on va vers le sud, plus on rencontre de mélèzes au feuillage clair.

La proximité de la frontière italienne a fait naître une multitude de forts – dont celui de Mont-Dauphin, construit sur les plans du plus célèbre architecte militaire, Vauban – et de villes fortifiées, comme Briançon. Saint-Véran est la commune la plus haute de France. Les deux activités essentielles sont l'élevage et le tourisme…

Le paysage des Hautes-Alpes est bien connu par les téléspectateurs qui suivent l'ascension de cols célèbres (le Galibier…) par les coureurs du Tour de France.

La Haute-Provence et la vallée du Rhône

Entre les hauts sommets des Alpes, à l'est, et la vallée du Rhône, la Haute-Provence est formée d'une succession de plateaux, de 500 à 1 500 mètres d'altitude, traversés de quelques vallées (Durance, Drôme). C'est une région essentiellement agricole, peu peuplée : les petites villes sont de gros marchés. La végétation caractéristique est surtout l'olivier, la lavande, d'où l'on tire une eau parfumée, et la vigne. C'est une région touristique, avec les gorges du Verdon – où l'on pratique le «canyonning» –, et les petits villages anciens et pittoresques du Luberon (Gordes).

Le palais des papes d'Avignon.

La vallée du Rhône est la grande voie de circulation des trains, des bateaux, des camions et des voitures entre le nord et le sud. Peuplée depuis la période romaine, et où se sont développées des villes de commerce (Vienne, Orange), parfois resserrée entre le Massif central et les contreforts des Alpes, c'est une région riche et animée où dominent les cultures maraîchères, les vergers d'arbres fruitiers – pommiers, cerisiers, abricotiers – et la vigne, qui donne le vin des Côtes du Rhône. C'est là que le mistral, vent du nord qui chasse les nuages, souffle le plus fort. A l'approche de la mer, au sud d'Avignon, la vallée s'élargit pour former le delta* du Rhône, région de prairies et de marécages, où l'on cultive le riz. C'est la Camargue, domaine des chevaux et des taureaux, et d'une multitude d'oiseaux, hérons, cigognes, flamants roses. Les «manades» – troupeaux de petits chevaux blancs, d'une race très ancienne – sont sous la surveillance des «gardians», qui ont conservé un costume pittoresque.

La Côte d'Azur, de Menton à Marseille

Le paysage de la côte méditerranéenne est varié, selon la nature de l'arrière-pays : grandes Alpes à l'est, Préalpes, massif des Maures et de l'Estérel, plaine de Provence.

De Menton à Nice, c'est la «Riviera», où la montagne plonge directement dans la mer, donnant une côte rocheuse, très découpée. De Nice à Cannes, la rive s'ouvre plus largement, avec de longues plages, coupées par le cap d'Antibes. La côte de l'Estérel et celle des Maures dessinent une suite de caps et de petites baies (golfe et presqu'île de Saint-Tropez). La côte s'abaisse autour de Toulon, dont la rade abrite une partie de la marine de guerre française. Enfin, de Toulon à Marseille, se succèdent des petits ports et des criques sauvages, les «calanques». Partout, on rencontre la même végétation, typique des pays méditerranéens : pins maritimes, chênes verts, oliviers, et, à l'intérieur, garrigue* ou maquis*, toujours menacés par les incendies de l'été.

Aspect de la côte méditerranéenne.

Les villes sont naturellement des lieux de villégiature, depuis le XIXᵉ siècle, à cause de la douceur du climat. Les Anglais ont contribué à la réputation de Monte-Carlo (Monaco), de Nice (avec sa célèbre «promenade des Anglais») ou de Cannes. Le tourisme est la principale activité, marquée par les fêtes du carnaval (Menton, Nice), le jeu (Monaco), le nautisme (ports d'Antibes et de Cannes), favorisé par la présence de nombreuses îles proches de la côte (îles de Lérins, îles d'Hyères).

La principauté de Monaco

C'est un Etat indépendant enclavé dans le département des Alpes-Maritimes, formé par une étroite bande côtière d'1,5 km², et dirigé par un prince (Rainier III, en 1998). La principauté vit du tourisme, de l'émission de timbres-poste et des revenus du célèbre casino de Monte-Carlo

---

La plaine côtière est généralement riche (cultures fruitières et maraîchères, vigne). Mais l'industrie n'est pas totalement absente, en particulier la réparation navale et, plus récemment la recherche scientifique s'est implantée dans l'arrière-pays (Sophia-Antipolis, centre mondial d'informatique).

Marseille, capitale de la région, est une ancienne cité fondée par les Grecs au VIᵉ siècle avant J.-C. Dévastée par la peste au début du XVIIIᵉ siècle, elle est l'un des plus grands ports de France pendant deux siècles : c'est la «porte de l'Orient». Elle voit plus d'un million de passagers transiter par la gare maritime, et traite 50 % de la réparation navale nationale. Avec son agglomération, elle dispute à Lyon le rang de deuxième ville de France (1 million d'habitants).

Toulon (200 000 habitants) est, après Brest, le second port militaire du pays.

La côte du Languedoc-Roussillon

Différent de la Côte d'Azur, c'est un littoral généralement plat, bordé d'étangs, où se succèdent des plages à la mode, très fréquentées l'été (La Grande-Motte) mais manquant souvent de pittoresque, et offrant parfois à l'œil un mur de béton sans grâce. Mais en arrière de la côte se succèdent des villes – petites ou grandes – au caractère bien marqué.

Nîmes, ancienne cité gallo-romaine, vit s'affronter protestants et catholiques au XVIᵉ siècle. En dehors de ses monuments, elle est connue par son industrie textile (la toile «bleue de Gênes de Nîmes» étant devenue «blue Jeans Denim»), et par ses courses de taureaux.

Montpellier, capitale de la région, est une grande ville universitaire (Rabelais y fréquenta son école de médecine au XVIᵉ siècle) et commerçante (foire aux vins).

Béziers et Narbonne (l'ancienne capitale de la province romaine de la Gaule narbonnaise) sont de grosses villes animées par le commerce du vin et des produits agricoles. En se dirigeant vers l'Espagne, le long de la côte sud du Golfe du Lion, on traverse le Roussillon, plaine fertile entre les Pyrénées et la mer, parfois battue par la tramontane, vent froid et sec analogue au mistral; la capitale en est Perpignan, où régnaient autrefois les rois de Majorque, et qui fut, après Barcelone, la seconde ville de la Catalogne, cédée à la France en 1659. La côte catalane, très découpée, abrite de pittoresques petits ports (Collioure, connue pour ses conserveries d'anchois, Banyuls, célèbre par son vin), et, par la couleur de la terre rouge, mérite le nom de Côte Vermeille.

La Corse

L'île de Corse (8 681 km²), 259 000 habitants, est la moins peuplée des régions françaises. Elle mesure 183 km de long sur 50 à 85 km de large. C'est une île essentiellement montagneuse (Monte Cinto, 2 710 mètres – 8 sommets de plus de 2 000 mètres). La côte (1 047 km) présente une succession de promontoires et de golfes (ceux de Girolata et de Porto ainsi que la presqu'île de Scandola sont classés au Patrimoine mondial), et 300 km de plages. La Corse, autrefois administrée par la république de Gênes, est française depuis 1768. L'économie est essentiellement agricole (vin, élevage) et surtout touristique. Les villes les plus importantes sont Ajaccio (capitale de région et chef-lieu du département de Corse du Sud, 60 000 habitants, ville natale de Napoléon Bonaparte), Bastia (chef-lieu de Haute-Corse, 39 000 habitants) et Corte (6 000 habitants, siège d'une université). «L'île de Beauté», qui offre les plus fascinants paysages de la Méditerranée, a une place à part en France, par son identité culturelle et linguistique et les revendications autonomistes* qui conduisent souvent à des actions violentes.

Bonifacio en Corse du sud.

ART DE VIVRE

Parmi les fêtes les plus célèbres : le carnaval de Nice, les «corsos» fleuris, les fêtes du citron (Menton) où des fleurs attirent beaucoup d'étrangers. Plus originaux sont les Noëls de Provence, qui sont de véritables spectacles, comme la messe de minuit au village des Baux, avec des crèches parlantes ou vivantes, ou celles qui réunissent les petits personnages typiques, les santons (petits saints) de l'artisanat provençal. A Nîmes, à Arles, à Saint-Rémy ont lieu des «férias» tauromachiques*, et en Camargue les «ferrades» (marquage des taureaux). Les fêtes locales sont l'occasion de voir danser la farandole (Provence) ou la sardane (Roussillon) et d'apercevoir les costumes traditionnels (Arles).

Tout le midi méditerranéen est riche en festivals (musique de chambre à Menton, théâtre à Avignon, opéra à Aix, chorégies d'Orange, photographie à Arles, festival Pablo Casals à Prades, «Médiévales» de Carcassonne).

Plus simples – mais aussi pittoresques et colorés – sont les marchés qui se tiennent chaque semaine dans les principales villes : on y trouve les produits du pays (melons de Cavaillon, aubergines, tomates, olives vertes et noires et les herbes aromatiques) et, partout, sur les places ombragées de platanes, se pratique le jeu de boules ou «pétanque».

La gastronomie méridionale est en étroite liaison avec les productions locales : mais nulle part on ne peut oublier qu'on est dans la civilisation de l'olive et du vin. Un proverbe provençal assure que «le poisson vit dans l'eau et meurt dans l'huile»; c'est le cas de la célèbre bouillabaisse ou de sa variante la bourride (soupe de poissons) accompagnée d'«aïoli» (mayonnaise à l'ail).

La bouillabaisse

Il y a autant de variétés de bouillabaisse que de restaurants en Provence. C'est, en fait, selon l'étymologie, du «poisson bouilli», avec de l'huile d'olive, des légumes (oignon, tomate, ail) et des épices (safran), qu'on sert sur des tranches de pain. Ce simple plat de pêcheur peut aussi être un chef-d'œuvre gastronomique selon les poissons et les crustacés employés (homard, langouste…). Il est accompagné de la «rouille» (sauce aux piments).

Ailleurs, on aura la brandade de Nîmes faite avec de la morue et de la crème, le bœuf camarguais, les huîtres des étangs languedociens, les anchois de Collioure. Les plats sont parfumés aux herbes de Provence (thym, romarin).

Le vin est partout présent : vin du Var, Côtes de Provence, vin du Languedoc, du Roussillon, des Corbières, avec des crus célèbres comme le Chateauneuf-du-Pape à Avignon ou le Banyuls.

ART-MONUMENTS

La France de la Méditerranée est probablement la région la plus riche en monuments anciens.

Avant même la période romaine, on trouve des témoignages de peuplement très reculé. A Tautavel, le centre européen de la Préhistoire, près de Perpignan, présente les connaissances sur le premier «Homo erectus» (- 400 000 ans avant J.-C.) et, très récemment, on a découvert près de Marseille, une des plus belles grottes ornées de peintures (la grotte Cosquer), dont l'entrée est sous-marine. La Vallée des Merveilles, près de la frontière italienne, à 2 000 mètres d'altitude, constitue un musée préhistorique de plein air, avec 100 000 gravures sur les rochers, faites par les chasseurs du deuxième millénaire avant J.-C., et ayant probablement une fonction sacrée.

On ne peut énumérer tous les monuments romains de la région; ponts (le Pont du Gard, aqueduc colossal de 250 mètres de long et de 49 mètres de haut), cités entières (Glanum, Vaison-la-Romaine), monuments funéraires (Saint-Rémy), temples (Maison Carrée à Nîmes), théâtres (Arles, Orange, Vaison), arcs de triomphe (Orange).

Monument funéraire à Saint-Rémy-de-Provence.

Au Moyen Age, c'est l'architecture romane qui domine dans l'art religieux (églises et cloîtres, à Arles, Sénanque, Fontfroide).

Au Moyen Age, ce sont aussi les châteaux forts qui mettent leur marque sur le paysage. A l'est, le plus célèbre est celui des Baux-de-Provence, à l'ouest, les châteaux où se réfugiaient au XIIᵉ siècle les hérétiques cathares. Ce sont aussi des cités fortifiées : Avignon, Aigues-Mortes et surtout celle de Carcassonne (classée au Patrimoine mondial).

De la Renaissance au XVIIIᵉ siècle, l'architecture civile se distingue par son élégance (à Aix-en-Provence, à Montpellier).

L'architecture moderne est présente à Marseille (Cité Le Corbusier), à la Grande-Motte avec ses pyramides, à Montpellier.

Le Midi méditerranéen a toujours attiré les peintres et nombreux sont ceux dont le nom est attaché à une ville : Fragonard, natif de Grasse, Renoir à Cagnes, Nicolas de Staël à Antibes, Picasso à Vallauris, Vasarely à Gordes, Matisse à Vence et à Collioure, les «fauvistes» et post-impressionnistes à Saint-Tropez, Van Gogh à Arles, Cézanne à Aix-en-Provence, Fernand Léger à Biot, Dufy à Nice…

PARLÉ, ÉCRIT

Dans toute la région méditerranéenne, on parle français avec «l'accent du Midi», un accent chantant, qui varie d'est en ouest avec la proximité de l'Italie ou de l'Espagne. Au XIᵉ siècle, on parlait l'occitan, langue d'origine latine, qui devint la langue administrative, mais aussi littéraire grâce aux troubadours*, maîtres de la chanson d'amour et des poèmes «courtois». On dit que Dante a failli écrire la *Divine Comédie* en occitan; Pétrarque (1304-1374) a vécu en Provence, consacrant son *Canzoniere* à la belle Laure de Noves. En 1539, le français du nord (langue d'oil) devint la langue officielle du royaume. L'occitan connut une renaissance au XIXᵉ siècle avec les «Félibres» et surtout Frédéric Mistral (prix Nobel en 1904). L'occitan est enseigné jusqu'à l'université.

Nombreux sont les écrivains (poètes et romanciers) originaires du Midi méditerranéen, ou qui ont su le chanter : Maupassant, Zola, Mérimée (la Corse), René Char, Paul Valéry, Marcel Pagnol, Jean Giono. Tous les Français connaissent *Les Marchés de Provence* de Gilbert Bécaud, *La Mer* de Charles Trénet ou les chansons de Tino Rossi.

Quelques lignes de Mérimée (1803-1870)
Un village corse

«Le bourg de Pietranera est très irrégulièrement bâti, comme tous les villages de la Corse. Les maisons, dispersées au hasard et sans le moindre alignement, occupent le sommet d'un petit plateau, ou plutôt d'un palier de la montagne. Vers le milieu du bourg, s'élève un grand chêne vert, et auprès on voit une auge en granit, où un tuyau de bois apporte l'eau d'une source voisine (…) Autour du chêne vert et de la fontaine, il y a un espace vide qu'on appelle la place, et où les oisifs se rassemblent le soir. Quelquefois on y joue aux cartes, et, une fois l'an, dans le carnaval, on y danse.»
Colomba

EXERCICES

23 /

1. Que signifie Paca?
2. Citez quatre villes importantes de cette région.
3. Beaucoup de « pieds-noirs » (Français d'Algérie) se sont installés sur les côtes de la Méditerranée après l'indépendance de l'Algérie en 1963. Pourquoi?

24 /

VRAI ou FAUX?

1. La commune la plus haute de France se trouve au sud-est de la France.
2. L'expression « Côtes du Rhône » est le nom générique de l'ensemble des vins de la vallée du Rhône.
3. « Oui » se disait « oïl » autrefois dans le sud de la France.
4. Les « calanques » sont des mollusques de la Méditerranée qui ont la particularité de jeter de l'encre lorsqu'ils se sentent menacés.
5. Marseille a été fondée par les Romains.
6. Le Pont du Gard a été construit par les Romains au Ier siècle avant Jésus-Christ pour amener l'eau à la ville de Nîmes distante de 40 kilomètres.
7. La Corse est la plus peuplée des régions françaises.
8. Un « cathare » est une forme de rhume.

25 /

A l'aide des mots suivants, écrivez un texte sur la Corse.

île de beauté – plages de sable fin – Napoléon – golfe – paysages sauvages – Prosper Mérimée – Ajaccio – *Colomba* – autonomie politique – tourisme – maquis – continent – bateau

26 /

Aux villes suivantes sont associés des monuments romains, lesquels?

Nîmes – Arles – Orange – Saint-Rémy-de-Provence

aqueduc – arènes – temple – théâtre – monument funéraire – arc de triomphe

27 /

Dans quels autres pays d'Europe existe-t-il aussi des monuments romains?

28 /

Et dans votre pays?

1. Existe-t-il une opposition Nord-Sud?
2. Les gens du Sud sont-ils considérés comme plus exubérants, plus chaleureux que ceux du Nord?
3. Quelles sont pour vous les températures estivales idéales?
4. Existe-t-il aussi des monuments antiques?

Le Sud-Ouest

Le Sud-Ouest correspond à deux régions : l'Aquitaine et Midi-Pyrénées, autour de la vallée de la Garonne ; au sud, les Pyrénées forment la frontière avec l'Espagne.

Midi-Pyrénées (capitale de région Toulouse) regroupe huit départements et 2,5 millions d'habitants. En dehors de la vallée de la Garonne, c'est une région de montagnes (3 298 mètres au Vignemale) de coteaux et de collines, s'abaissant vers le nord-ouest et la côte de l'Atlantique.

L'Aquitaine (2,8 millions d'habitants) a pour capitale Bordeaux et regroupe cinq départements. Son climat est généralement chaud et humide.

IMAGE

La première image qu'on ait du Sud-Ouest est celle d'une région où il fait bon vivre, dans un climat doux, où des campagnes riches donnent en abondance des produits célèbres dans la gastronomie, du foie gras des Landes aux grands vins de Bordeaux. D'autres images viennent de l'histoire : grottes préhistoriques de Dordogne, châteaux et villages fortifiés autrefois construits par les Anglais, château de Pau où est né l'un des rois les plus populaires, Henri IV. Mais on pense aussi au passage du Tour de France, au rugby, au béret* basque, et aux usines aéronautiques où se construit l'Airbus.

HISTOIRE

Les régions du Sud-Ouest furent peuplées par les Ligures et les Ibères, qui, venus d'Afrique, s'étaient installés en Espagne au VIIe siècle avant J.-C. Le pays fut le théâtre de luttes contre différents envahisseurs : Vandales, Wisigoths, Sarrasins. Le massacre de l'arrière-garde de Charlemagne au col de Roncevaux est entré dans la légende et la littérature avec la mort de Roland. Au XIIe siècle se développe l'hérésie* cathare. Au Moyen Age, l'Aquitaine est une possession anglaise, disputée par les rois de France du XIIe siècle à la fin du XVe siècle. Le Béarn ne fut réuni à la France qu'en 1620, tandis que le Roussillon dépendit longtemps des rois de Majorque. C'est à Saint-Jean-de-Luz, en 1660, que le roi Louis XIV épousa l'infante Marie-Thérèse d'Espagne.

L'église de Saint-Savin, dans les Pyrénées

PAYSAGES

La chaîne des Pyrénées

Elle s'étend sur 350 km, de la Méditerranée à l'océan Atlantique. Son altitude
moyenne est inférieure à celle des Alpes; les vallées sont plus étroites et les cols
qui permettent de passer en Espagne sont assez peu nombreux, surtout dans les
Pyrénées centrales. Parmi les sites les plus pittoresques, on peut retenir le Pic
du Midi de Bigorre, avec son observatoire astronomique, le cirque* de
Gavarnie, où le gave* de Pau prend sa source dans un impressionnant amphi-
théâtre de montagnes, des stations thermales (Luchon, Cauterets, Bagnères-de-
Bigorre), Pau, la plus importante ville des Pyrénées, et l'une des plus belles. La
principauté d'Andorre est un petit Etat indépendant dont les 45 000 habitants
vivent de l'élevage et du tourisme. Le président de la République française est
«co-prince d'Andorre» avec l'évêque espagnol d'Urgel.

Lourdes

En 1858, une Dame apparaît à une fillette de 14 ans, Bernadette Soubirous, et lui parle. L'Eglise reconnaît les apparitions de la Sainte Vierge en 1862. Depuis, les pèlerins se pressent à Lourdes dans l'espoir d'une guérison miraculeuse. C'est – avec Fatima, au Portugal – le plus important lieu de pèlerinage du monde (5 millions de visiteurs en 1996 : 600 trains spéciaux, 6 000 avions, 12 000 cars...).

En dehors du tourisme d'hiver et d'été, la vie économique se partage entre l'agriculture de montagne, une faible activité industrielle (métallurgie en Ariège et l'exploitation du gaz naturel (Lacq).

Le Pays Basque

Ce sont trois «provinces» (Soule, Basse Navarre, Labourd) que l'on appelle aussi Euzkadi nord; liées aux autres provinces basques espagnoles par une langue et une culture communes et une ancienne origine ethnique (8 000 ans avant J.-C.) avec prédominance du groupe sanguin O -.

C'est un pays de montagnes moyennes et de collines, les villages et l'architecture des maisons se reconnaissent à leur aspect ordonné et uniforme, aux murs blancs avec des poutres rouges.

Dans la montagne, on rencontre des troupeaux à demi sauvages de «potocks», petits chevaux proches de ceux qui sont représentés dans les grottes préhistoriques. Sur la côte, les stations balnéaires* se succèdent (Biarritz, Saint-Jean-de-Luz) au sud de Bayonne (40 000 habitants), la ville la plus importante. Le Pays Basque se signale par une agitation politique et des tendances autonomistes, qui correspondent à celles du Pays Basque espagnol.

La côte Atlantique

De la côte basque jusqu'à l'estuaire* de la Gironde (où se rejoignent la Garonne et la Dordogne), le rivage de l'océan est bordé par une suite d'étangs, interrompue par le bassin* d'Arcachon. Le paysage caractéristique des Landes et de la Côte d'Argent est celui des dunes de sable et des vastes forêts de pins plantées au XIXᵉ siècle, que menacent les incendies. L'économie de la région est dominée par l'agriculture, la sylviculture (le bois), la pêche et les produits de la mer (ostréiculture ou culture des huîtres, en particulier dans le bassin d'Arcachon). Dans la région bordelaise, c'est la vigne qui domine : la Gironde, département le plus étendu de France, avec 10 000 «châteaux» (propriétés) produit 600 millions de bouteilles par an.

Le vin de Bordeaux

A Bordeaux, on dit «il y a le vin, et il y a le Bordeaux». Une devinette : «Quelle différence y a-t-il dans le Bordelais entre un producteur de vin pauvre et un producteur riche ?... Le pauvre lave sa Rolls Royce lui-même...» C'est l'un des vins les plus anciens et les plus célèbres du monde; certaines bouteilles de dix à vingt ans d'âge se vendent à prix d'or (1 000 francs ou beaucoup plus...); une grande partie de la production est vendue en Grande-Bretagne, les Anglais ayant autrefois possédé l'Aquitaine.

– Bordeaux : (210 000 habitants) est une grande ville de commerce, avec un port dont les installations couvrent, le long de la Gironde, une centaine de kilomètres, c'est aussi une ville universitaire, et un centre important pour le traitement du pétrole (raffineries et pétrochimie).

– La région toulousaine. Toulouse la «ville rose» (358 000 habitants) est, au bord de la Garonne, le centre d'une riche région agricole (Gers, Tarn-et-Garonne) et touristique. A côté de l'industrie agro-alimentaire se sont développées une industrie aéronautique et des industries liées à la recherche scientifique; Toulouse a une des plus importantes universités de France. Les paysages sont variés : collines du Gers avec leurs vignes et leurs troupeaux d'oies; plateaux du Tarn et de l'Aveyron, avec des villes d'art comme Albi ou des villages pittoresques comme Conques ou Cordes, causses* du Quercy, semi-désertiques, avec des vallées encaissées (Lot) et des grottes (gouffre de Padirac), dont quelques-unes ornées de gravures ou de peintures préhistoriques.

Au nord-est de la région, des départements à vocation agricole (Lot-et-Garonne, Dordogne) contribuant à rendre célèbres les spécialités comme les pruneaux d'Agen, les truffes et le foie gras du Périgord. La vallée de la Dordogne, à elle seule, forme une des régions touristiques les plus riches de France (grottes préhistoriques des Eyzies et de Lascaux), avec ses châteaux, ses villes et ses villages pittoresques (Sarlat).

ART DE VIVRE

Si le Sud-Ouest fait aussi partie du «Midi» de la France, la vie est cependant moins exubérante que dans le Midi méditerranéen, et la présence des touristes moins pesante. Par exemple, aux grandes «corridas» de Nîmes ou d'Arles, où les taureaux sont mis à mort, répondent les courses de vaches landaises, très spectaculaires mais qui n'ont rien de sanglant.

Des villes grandes ou petites ont aussi leur festival («Mai musical» de Bordeaux, festival du film amateur d'Albi, festival de jazz de Marciac...) et l'on trouve partout, en Gascogne ou au Pays Basque, des fêtes locales animées et colorées.

La gastronomie est, ici comme ailleurs, liée au terroir*, en particulier à l'élevage des oies et des canards (foie gras), de la pêche, des bassins à huîtres. Des plats régionaux sont connus au-delà du Sud-Ouest, comme le cassoulet toulousain (à base de haricots, de porc et de volaille), l'omelette basquaise avec tomates et poivrons (la «piperade») et les plats qui utilisent la truffe, «le diamant noir», dont la région de Périgueux et le Quercy sont parmi les principaux pays producteurs.

La vigne n'est pas réservée à la seule région de Bordeaux: parmi d'autres crus célèbres, il faut citer le Jurançon, près de Pau, et le Sauternes, internationalement connu (Château d'Yquem...), et rappeler que l'armagnac est une eau-de-vie qui rivalise avec le cognac.

ART-MONUMENTS

Le Sud-Ouest n'a rien à envier à la région méditerranéenne pour la variété de ses œuvres d'art.

L'archéologie a fait la réputation de la Dordogne et de la vallée de la Vézère dont les grottes sont inscrites au Patrimoine mondial avec Lascaux, «chapelle Sixtine de la préhistoire». Mais le département de l'Ariège est aussi riche en témoignages de l'art des cavernes (grotte de Niaux).

Les vestiges de l'époque romaine sont plus rares, et ce sont surtout les églises et les châteaux du Moyen Age qui marquent le plus le paysage: églises romanes (Saint-Bertrand-de-Comminges, cathédrale Saint-Sernin à Toulouse, la plus vaste d'Europe, Conques, Moissac, Périgueux, églises de pèlerinage sur le chemin de Saint-Jacques-de-Compostelle), cathédrales gothiques comme celle d'Albi, qui est fortifiée, ou celle d'Auch, de Rodez.

Les châteaux sont innombrables, de la forteresse cathare de Montségur à Bonaguil et aux villages fortifiés (Domme).

Montségur, un haut lieu cathare

Les cathares, hérétiques du XIIe siècle, rejetaient les sacrements, l'autorité du Pape et la hiérarchie de l'Eglise. Ils furent poursuivis (croisade des Albigeois) au début du XIIIe siècle. Au château de Montségur, à 1 200 mètres d'altitude, les 205 résistants furent brûlés en 1244. L'hérésie ne disparut qu'au siècle suivant.

L'architecture classique a donné son caractère aux deux grandes villes, Toulouse avec son hôtel de ville, le Capitole, et Bordeaux avec l'un des plus beaux théâtres de France, où des intendants, des représentants du roi, ont su, aux XVIIe et XVIIIe siècles, définir un véritable urbanisme. Ce sont eux qui ont réalisé le canal latéral à la Garonne, qui relie Bordeaux à Toulouse, et, au-delà, le canal du Midi, qui va jusqu'à la Méditerranée; ces deux réalisations viennent d'être inscrites au Patrimoine mondial.

Au peintre Henri de Toulouse-Lautrec, la ville d'Albi a consacré un superbe musée, ce qu'a également fait Montauban pour l'un des plus grands peintres du XIXe siècle, Ingres.

PARLÉ, ÉCRIT

L'accent du Sud-Ouest varie de Bordeaux à Toulouse, d'Albi à Bayonne. Dans toute la région, on entend encore – mais de plus en plus rarement – toutes les variantes de l'occitan, dans des patois qui changent d'une ville ou d'un village à l'autre. Seul le basque est une langue propre, dont l'origine reste mystérieuse et qui se rattacherait aux langues caucasiennes…

Dans la chanson populaire, on a chanté les Pyrénées et Toulouse (Claude Nougaro).

Les grands écrivains du Sud-Ouest sont Montaigne (dont le château existe toujours non loin de Bordeaux, avec sa «librairie») Montesquieu, le père de la science politique moderne (*L'Esprit des lois*), dont l'influence s'est fait sentir sur tous les penseurs qui ont préparé la Révolution de 1789.

Parmi les auteurs modernes, François Mauriac est le romancier qui a le mieux célébré les Landes et la région de Bordeaux.

Quelques lignes de Victor Hugo :
Biarritz

«Je ne sache pas d'endroit plus charmant et plus magnifique que Biarritz. Il n'y a pas d'arbres, disent les gens qui critiquent tout, même le bon Dieu dans ce qu'il fait de plus beau. Mais il faut savoir choisir : ou l'océan, ou la forêt. Le vent de mer rase les arbres. Biarritz est un village blanc à toits roux et à contrevents verts posé sur des croupes de gazon et de bruyères, dont il suit les ondulations. On sort du village, on descend la dune, le sable s'écroule sur vos talons et tout à coup on se trouve sur une grève douce et unie au milieu d'un labyrinthe inextricable de rochers, de chambres, d'arcades, de grottes et de cavernes, étrange architecture jetée pêle-mêle au milieu des flots, que le ciel remplit d'azur, de soleil, de lumière et d'ombre, la mer d'écume, le vent de bruit.»

EXERCICES

29 /

1. Quelle chaîne de montagnes forme une frontière naturelle entre la France et l'Espagne ?

2. Au Moyen Age, vers quel lieu de pèlerinage en Espagne convergeaient de nombreuses routes qui traversaient la France et dont plusieurs sont aujourd'hui devenues des GR (chemins de grande randonnée) marqués d'une balise ?

3. Quelle ville abrite des Pyrénées abrite un sanctuaire où l'on vient en pèlerinage du monde entier ?

4. Pourquoi tant de paralysés y viennent en pèlerinage ?

5. Quels animaux trouve-t-on à l'état demi-sauvage dans les Pyrénées et dessinés sur les parois des grottes préhistoriques ?

6. Les Romains utilisaient déjà les vertus des eaux pour se soigner. Aujourd'hui, dans les stations thermales comme Luchon, Cauterets, on les utilise toujours. Quelles maladies principales soignent-elles ?

7. En France, il est recommandé de manger des huîtres seulement pendant les « mois en r », c'est-à-dire les mois dont le nom comporte la lettre « r ». Pourquoi ?

8. Pourquoi appelle-t-on les truffes « le diamant noir » ?

9. Une affiche célèbre représente un Français à bicyclette sur une petite route de campagne, portant une baguette de pain sous le bras. Que porte-t-il sur la tête ? Qui porte encore cette coiffure ?

10. En 1244, deux cents Cathares acceptent de mourir brûlés vifs plutôt que de renier leur foi. Quel est le nom du château, dont on peut aujourd'hui visiter les ruines, devant lequel ils moururent tous ?

30 /

Choisissez la ou les bonnes réponses parmi celles qui vous sont proposées.

1. Airbus

> A. petit arbre – B. avion construit en collaboration avec d'autres pays de l'Union européenne – C. autobus à propulsion à air

2. Château d'Yquem

> A. nom d'une propriété célèbre produisant le vin de Sauternes (blanc liquoreux) le plus prestigieux – B. forteresse romane en ruines – C. château où l'on célébrait les morts par des requiems

3. Truffe

> A. tête de sanglier (cochon sauvage) – B. boxe pratiquée à mains nues au Pays Basque – C. champignon très recherché pour sa saveur très subtile – D. extrémité du museau d'un chien

4. Jurançon

> A. Vin blanc liquoreux de la région de Pau qui, appliqué sur les lèvres d'un bébé devrait lui donner force, vigueur et beaucoup d'enfants – B. vin du Jura – C. injure

5. Le cirque de Gavarnie (la vallée de Gavarnie se termine par une impressionnante barre rocheuse en demi-cercle) est une curiosité naturelle exceptionnelle.

> A. George Sand a dit : « C'est le chaos primitif, c'est l'enfer. »
> B. Victor Hugo a dit : « Noir et hideux sentier. »

31 /

L'étiquette d'un grand vin du Sud-Ouest porte les indications suivantes :
Château Prieuré-Lichine – grand cru classé – 1996 – Margaux – mis en bouteille au château – S.A. Château Prieuré – Lichine propriétaire à Cantenac Médoc – 12,5 vol. – cette bouteille porte le numéro 249 058 – 75 cl
C'est un AOC (appellation d'origine contrôlée).
1. De quelle région vient ce vin ?
2. L'année ? Est-ce une grande année pour les vins de Bordeaux ?
3. Quel est le nom du château et celui du propriétaire ?
4. Quel est le degré d'alcool ?
5. Est-ce un vin de propriétaire ou un vin qui a été élaboré dans une coopérative ?
6. Quelle est la signification de « grand cru classé » ?
7. Pourquoi la bouteille de Margaux porte-t-elle un numéro ?

32 /

Et dans votre pays ?
1. Votre pays est-il producteur de vin ? Si oui lesquels ?
2. Que représente le vin pour vous ? En buvez-vous ?
3. Votre pays importe ou exporte-t-il des vins, lesquels ?
4. Boit-on dans votre pays plutôt des vins blancs ou des vins rouges ?

L'Ile de la Cité. C'est le cœur de Paris, avec la cathédrale Notre-Dame, le palais de Justice, la Conciergerie et la Sainte-Chapelle. A l'avant, le Pont-Neuf.

Le palais du Louvre, où vécurent les rois, abrite un des plus célèbres musées du monde. On y accède par la pyramide ultra-moderne à droite.

Notre-Dame de Paris, chef-d'œuvre de l'art gothique, montre les tours de sa façade, ses arcs-boutants et la rosace de son portail sud.

Dans l'immense parc du château de Versailles, Marie-Antoinette fit construire le «hameau de la reine» pour jouer à la bergère.

Fontenay, en Bourgogne, servit de modèle à de nombreuses abbayes cisterciennes, par sa simplicité et sa rigueur.

Le tympan de la cathédrale de Bourges est orné par le Christ et les quatre évangélistes, le lion de Marc, l'ange de Matthieu, l'aigle de Jean et le bœuf de Luc.

Le château de Langeais montre les débuts du style de la Renaissance.

Le Puy de Sancy, en Auvergne : un volcan éteint à 1886 mètres, le point culminant du Massif central.

Photo : PIX / P. Thompson

L'hôtel de ville et le beffroi de Calais, avec le groupe des bourgeois de Calais, du sculpteur Rodin.

Photo : PIX / I. Woestyn

La Bourse et l'opéra de Lille, capitale économique et artistique du Nord.

«L'ange au sourire» de la cathédrale de Reims.

La cathédrale de Stasbourg avec sa flèche unique.

Photo : PIX

Lyon, ancienne «capitale des Gaules», deuxième ville de France.

Grenoble, capitale des Alpes, a vu naître la «houille blanche».

Photo : G. Pichard

Vue sur le massif de Belledonne, au cœur des Alpes.

Photo : G. Pichard

La Savoie est riche en églises baroques. Celle de Hauteluce est une des plus élégantes.

Marseille, la «Porte de l'Orient», grand port de commerce et cité cosmopolite.

Photo : PIX / J.-P. Lescourret

Le Pont du Gard, un aqueduc construit par les Romains pour alimenter en eau la ville de Nîmes.

La cité de Carcassonne est le plus grand ensemble fortifié de France (XIIIe siècle).

Le château cathare de Peyrepertuse en Roussillon, une forteresse imprenable.

La petite église romane de Valcabrière, au pied des Pyrénées.

La cathédrale Saint-Sernin, à Toulouse, la «Ville Rose», sur la route de Saint-Jacques-de-Compostelle.

Les petits chevaux basques, les potocks, déjà représentés dans les grottes de la préhistoire.

Le bassin d'Arcachon, un paysage caractéristique de la côte d'Argent, avec ses dunes, ses plages et ses pins.

En Normandie, falaise d'Etretat, «un éléphant énorme enfonçant sa trompe dans les flots» (Maupassant).

Photo : G. Pichard

Bretagne : une côte sauvage et ses îles.

Photo : G. Pichard

Dans le marais de la Grande Brière, près de Nantes.

Photo : PIX / M. Dusart

Le pont de Normandie (2 141 mètres), sur l'estuaire de la Seine, une réussite technique et architecturale (1995).

Paysage de l'île de Mayotte (océan Indien).

La fusée Ariane IV prend son envol à Kourou (Guyane).

Les pays de l'Ouest

Ce sont les cinq régions qui, du nord au sud, sont baignées par la Manche et l'océan Atlantique, de l'estuaire de la Seine à celui de la Garonne (Gironde). C'est un ensemble qui représente un cinquième de la surface de la France, et regroupe un sixième de ses habitants.

– La Haute-Normandie (1,7 million d'habitants) groupe deux départements de part et d'autre de la vallée de la Seine (capitale régionale Rouen).

– La Basse-Normandie (trois départements) compte 1,4 million d'habitants, et Caen en est la capitale.

– La Bretagne, avec quatre départements, a près de 3 millions d'habitants ; sa capitale est Rennes.

– Les Pays de la Loire, autour de Nantes, groupent cinq départements avec plus de 300 000 habitants.

– La région Poitou-Charentes (1,6 million d'habitants), avec Poitiers pour capitale, regroupe quatre départements.

IMAGE

L'image de l'Ouest est, bien sûr, fortement liée à la présence de l'océan et aux grands ports qui ont joué un rôle important dans l'histoire, et qui constituent une ouverture vers l'outre-mer et l'Amérique. Mais le très grand développement des côtes, de celles de Bretagne, rocheuses et pittoresques, ou de celles de Normandie et de Vendée avec leurs immenses plages, est propice au tourisme et aux activités nautiques. Une image plus négative est celle de la pluie – comme dans la proche Angleterre –, mais elle est largement compensée par celle d'une nature encore sauvage (Bretagne). Longtemps les pays de l'Ouest souffrirent d'un certain sous-développement, et beaucoup d'images fausses restent encore dans la mémoire collective, avec des Bretons en costume folklorique qui semblent sortir d'une autre époque : Astérix le Gaulois, héros d'une célèbre bande dessinée, a réhabilité les Celtes astucieux, qui ne s'en laissent pas conter par les lourds Romains...

HISTOIRE

Les pays de l'Ouest sont une vieille terre celtique (civilisation armoricaine) depuis le quatrième millénaire avant J.-C. Dans leur histoire mouvementée, on retiendra l'arrêt des invasions arabes à Poitiers (732), puis les invasions des Normands (hommes du Nord, ou Vikings, venus de Scandinavie), au IXe siècle. Au XIe siècle, en 1066, Guillaume le Conquérant envahit l'Angleterre. Pendant plusieurs siècles (XIIe et XIIIe siècles, première guerre de Cent Ans, XIVe et XVe siècles, seconde guerre de Cent Ans), l'Ouest fut déchiré par les rivalités entre le royaume de France et celui d'Angleterre : c'est à Rouen que fut brûlée l'héroïne nationale Jeanne d'Arc. La Bretagne ne fut définitivement réunie à la France qu'en 1532.

La chapelle Saint-Michel, en Bretagne. © G. Pichard.

Après les guerres de Religion, au XVIe siècle, l'Ouest connut sous la Révolution la guerre de Vendée et de Bretagne, où s'affrontèrent les Bleus, républicains, et les Blancs, partisans du roi, de 1793 à 1800, et qui fit plus de

500 000 morts (on parle encore, parfois, du «génocide vendéen»). La Normandie fut le théâtre du débarquement anglo-américain de juin 1944 (Omaha Beach), et de très durs combats qui anéantirent certaines villes (Le Havre, Caen).

PAYSAGES

La Normandie

La région présente un visage double : du côté de la terre une campagne paisible, avec ses prairies verdoyantes et ses pommiers ; du côté de la mer ses falaises, ses plages, et l'activité économique de ses ports. Le bocage* normand est une contrée fertile, au nord et au sud de la vallée de la Seine ; l'agriculture (céréales, pommes de terre, vergers) et l'élevage en font la richesse : les vaches et le beurre normand sont réputés, comme les lourds chevaux du Perche (les percherons) ou les chevaux de course. Autour des fermes pittoresques à colombage, les immenses vergers de pommiers permettent la fabrication du cidre (boisson légèrement alcoolisée à partir de pommes écrasées et fermentées) et du calvados, eau-de-vie de pomme. Les villes de l'intérieur sont de gros marchés agricoles, autour desquels s'est créée une industrie agro-alimentaire, comme à Saint-Lô ; on trouve encore un artisanat traditionnel (dentelles d'Alençon).

Les deux grandes villes historiques de Normandie sont Caen (113 000 habitants), avec une activité industrielle (électronique, électromécanique) et universitaire, et Rouen (102 000 habitants), également centre universitaire et industriel (pétrochimie, métallurgie, construction navale). L'activité de Rouen, situé sur la basse Seine, est prolongée par celle du Havre (196 000 habitants), le deuxième port de commerce français – Dieppe est le cinquième port de voyageurs, à destination de l'Angleterre.

L'un des attraits de la Normandie est constitué par ses belles plages et ses stations balnéaires : Dieppe, la plus ancienne, Deauville, la plus célèbre, ou Cabourg, illustrée par Marcel Proust. Lisieux, où vécut la carmélite Sainte Thérèse, est, après Lourdes, le plus grand centre français de pèlerinage.

La Bretagne

La physionomie de la Bretagne est très différente, géographiquement, de celle de la Normandie, car le pays est formé par le massif armoricain, l'un des trois grands massifs primaires (avec le Massif central et les Vosges), et le plus usé par l'érosion (son sommet n'est qu'à 384 mètres d'altitude). La côte rocheuse est très découpée, et prolongée au large par de nombreuses îles. Les marées y sont de très grande amplitude (jusqu'à 15 mètres), ce qui a permis la construction sur la Rance de la première usine «marémotrice» au monde (conçue en 1943 et construite de 1961 à 1966, utilisant la force des marées). Les tempêtes violentes y sont fréquentes. A l'intérieur, c'est un paysage de forêts et de landes, presque sans relief. Les maisons bretonnes se distinguent par leur simplicité, et les villes ont souvent gardé intact leur centre historique.

Les activités principales de la Bretagne sont la pêche, l'agriculture et le tourisme, ce qui n'exclut pas l'industrie.

Costume bigouden (Pont-l'Abbé).

La pêche est pratiquée tout le long des côtes, à Concarneau (troisième port de pêche français), à Lorient, à Douarnenez. On y pratique la pêche côtière pour les poissons nobles (la sole ou le turbot) et les crustacés (coquilles Saint-Jacques, homards, langoustes), et la pêche hauturière (en haute mer), pour le thon; la «grande pêche» entraîne les équipages jusqu'à Terre-Neuve, au Labrador, au Groenland pour les campagnes de pêche à la morue. Il faut ajouter la culture des moules et des huîtres.

La Bretagne est aussi une riche région agricole, connue pour la qualité de ses produits : pommes de terre, choux-fleurs (72% de la production française), artichauts (67% de la production française) et l'élevage breton produit 56% des porcs et près de la moitié de la volaille. De là est née une importante industrie agro-alimentaire avec des conserveries de poisson, de légumes et des charcuteries industrielles.

L'industrie proprement dite se concentre dans les grandes villes, avec des activités de premier plan comme la construction navale : la moitié des navires construits en France l'est en Bretagne. On construit des bateaux de pêche à Lorient et Saint-Malo et les navires de guerre à Lorient et Brest, où se trouvent les deux plus grands arsenaux français. Brest (148 000 habitants) est en outre le premier port militaire du pays, le siège de l'Ecole navale et d'une université active, tandis que Rennes, capitale régionale, avec plus de 200 000 habitants est un grand centre universitaire et industriel (usines Citroën). On notera encore une particularité de Saint-Brieuc, ville moyenne de 45 000 habitants, deuxième capitale mondiale de la brosserie (après Nuremberg).

De la Loire à la Gironde

De Nantes, au nord, jusqu'à l'estuaire de la Garonne (la Gironde), s'étendent les côtes de Vendée, du Poitou et de la Charente.

C'est un paysage de basses collines et de bocage, avec des rivières paresseuses ; la Sèvre niortaise forme, sur un ancien golfe marin, le pittoresque marais poitevin, dans lequel on circule encore en barque. La côte est basse, bordée de très longues plages (Les Sables-d'Olonne, Royan). Deux grandes villes forment les deux pôles de la région. Nantes, au nord, avec 245 000 habitants est une ville industrielle et universitaire, prolongée par le port de Saint-Nazaire, sur l'estuaire de la Loire, avec ses chantiers navals qui ont, entre autres, construit les prestigieux paquebots *Normandie* et *France*. A l'est, Poitiers est une ville universitaire et une ville d'art, au cœur d'une riche région agricole ; le «Futuroscope», parc européen de l'image et de ses techniques, attire plus de 3 millions de visiteurs par an.

Dans toute la région, les villes pittoresques ne manquent pas, comme Angoulême, Saintes, Royan, et surtout La Rochelle, l'une des plus originales par sa situation et son passé. Au large de la côte, reliées à la terre ferme par des ponts, les îles de Ré et d'Oléron attirent de nombreux touristes.

Le cognac

L'une des productions les plus célèbres de la région des Charentes est le cognac, eau-de-vie obtenue à partir de vins blancs, vieillie dans des fûts de chêne. 190 millions de bouteilles sont produites par an, en moyenne. Les trois étoiles de l'étiquette ou la mention VS indique un âge d'au moins quatre ans et demi, VSOP, de douze à vingt ans. De plus vieux cognacs, conservés en un lieu appelé «Paradis», porteront les noms de Grande Réserve, Napoléon…

ART DE VIVRE

La vie à l'Ouest tourne, en grande partie, autour de l'océan, qu'il s'agisse des fêtes de la mer, des marins (Honfleur), ou des mouettes (Douarnenez), ou encore du concours international de la pêche en mer de Granville.

En Bretagne, les fêtes sont souvent liées à la religion – pèlerinages, «pardons» (où l'on vient chercher le «pardon» de ses fautes) – ou aux traditions bretonnes, comme les fêtes de Cornouaille à Quimper, où l'on peut voir les costumes traditionnels, et les fêtes interceltiques de Lorient, où se rassemblent Écossais, Irlandais, Gallois, Galiciens ou Asturiens. Comme partout en France, certaines villes se sont fait une spécialité de rencontres artistiques : cinéma à Deauville, bande dessinée à Angoulême, film policier à Cognac, printemps musical à Poitiers, musique ancienne à Saintes. On n'oubliera pas les spectacles «son et lumière» qui mettent en valeur un site historique; le plus célèbre est celui du Puy-du-Fou, qui retrace, avec l'ensemble des habitants, les guerres de Vendée.

La gastronomie dépend, elle aussi, de la présence de l'océan : poissons et crustacés sont sur toutes les tables, et l'on rappelle que le «homard à l'américaine» est en réalité «à l'armoricaine» («armor» étant, en breton «le pays voisin de la mer»). Mais l'intérieur du pays permet de découvrir la cuisine à la crème de Normandie, le beurre salé de Bretagne, les tripes «à la mode de Caen», l'andouille* de Vire. Une autre spécialité bretonne est la crêpe (ou galette) de froment ou de sarrasin, qui peut constituer un repas complet dans les nombreuses «crêperies» qui ont fait école dans toute la France.

ART-MONUMENTS

L'Ouest, et particulièrement la Bretagne, est le pays des mégalithes (grosses pierres), sous toutes leurs formes, qui remontent au quatrième millénaire avant J.-C.

Le menhir (grande pierre) est le monument le plus simple. C'est une pierre, dont le poids peut atteindre 350 tonnes, simplement dressée, parfois ornée de signes. Le «cromlech» est un cercle de menhirs et l'«alignement» un ensemble orienté. Les dolmens (tables de pierre) ont pu être liés à des rites funéraires.

Tout l'Ouest, dont on a vu l'histoire mouvementée au Moyen Âge, est riche en châteaux forts et en villes fortifiées (Château-Gaillard, dans la vallée de la Seine, Caen, Vannes, Dinan, Saint-Malo, Guérande, Fougères).

Les églises romanes y sont nombreuses, et l'on peut même parler d'une «école normande» (Caen). Une des plus célèbres est l'église Notre-Dame la Grande, à Poitiers, tandis qu'à Saint-Savin, non loin de là, un ensemble de fresques est classé au Patrimoine mondial. Le chemin de Saint-Jacques de Compostelle, le plus important pèlerinage du monde chrétien au Moyen Âge, est marqué par de nombreux édifices romans. Du XIIᵉ siècle date la tapisserie de la reine Mathilde de Bayeux, en fait une bande de broderie de 70 mètres de longueur qui relate l'épopée des Normands.

Alignements de menhirs à Carnac

Les grandes cathédrales gothiques ne se comptent pas ; parmi les plus belles, sont celles de Caen, d'Evreux, de Rouen, immortalisée par la série de tableaux qu'en fit Claude Monet à la fin du XIXᵉ siècle.

Le Mont-Saint-Michel.

Le Mont-Saint-Michel est le site le plus impressionnant de l'Ouest, la «merveille de l'occident» et la plus belle des abbayes françaises sur son île rocheuse. Au-dessus de la ville, parfaitement conservée, se dressent une église romane et, sur la face nord, la « Merveille», ensemble de bâtiments gothiques (cloître, réfectoire, salle des chevaliers). C'est, avec la tour Eiffel et le château de Versailles, l'un des monuments les plus visités de France, classé au patrimoine mondial.

La Renaissance et l'époque classique sont marquées par la construction d'édifices civils (Hôtel du parlement de Bretagne à Rennes, palais de justice de Rouen) et par la construction de nombreux «enclos paroissiaux» en Bretagne, un ensemble fait d'une église, d'une porte triomphale, d'un ossuaire (cimetière) et d'un calvaire, qui représente la Passion du Christ.

L'époque contemporaine est surtout marquée par d'audacieux ouvrages d'art, comme le pont de Tancarville, le pont de Normandie ou le pont de l'île de Ré.

L'art est présent dans de grands musées (Caen, Nantes, Rennes), et l'Ouest a attiré de nombreux peintres, pré-impressionnistes (Boudin), impressionnistes (Monet finit sa vie à Giverny, où l'on peut reconnaître le sujet de nombreux tableaux, dont les célèbres *Nymphéas*) ou post-impressionnistes avec l'école de Pont-Aven et Gauguin.

PARLÉ, ÉCRIT

En dehors des accents locaux – celui de Normandie se retrouve au Canada francophone –, ce qui distingue le plus l'Ouest est la langue bretonne, langue celtique qui remonte à l'occupation de l'Armorique par les Brittons, chassés de la Grande-Bretagne actuelle par les Anglo-saxons aux Ve et VIe siècles. On retrouve les mots bretons usuels dans les noms de lieu (Loc = saint, Locronan est Saint-Renan; Ker = village, Kermaria est le village de Marie) ou de personnes (Le Hir, le grand; le Goff, le forgeron...).

L'Ouest a fourni à la littérature de grands écrivains: au XVIIe siècle le poète Malherbe et Pierre Corneille, dont l'œuvre (*Le Cid, Cinna...*) représente l'école classique au théâtre; au XIXe siècle les romanciers Flaubert (*Madame Bovary*, situé dans un décor normand) et Maupassant, dont les nouvelles donnent un tableau coloré de la campagne normande; les Bretons Chateaubriand, dont la jeunesse se passa autour de Saint-Malo, Renan et Jules Verne, auteur de romans scientifiques et d'anticipation.

Quelques lignes de Gustave Flaubert et Maxime du Camp
La pointe du Raz :

«Nous arrivâmes à l'extrémité de la Pointe, au Finistère même. Là s'arrondit un petit plateau assez large pour qu'on puisse y poser ses deux pieds d'aplomb. Au-dessous les rochers se déchirent, s'écartent, se rejoignent, se confondent dans toutes les formes, dans toutes les postures, dans tous les aspects (…) En face, à deux lieues environ, l'île de Sein dormait sur les flots, ceinte d'écueils, aplatie, sinistre, noire, et comme en deuil de tous les cadavres que les naufragés ont roulés sur ses fonds.»

Par les champs et par les grèves

EXERCICES

33 /

Le Mont-Saint-Michel

1. Comment appelle-t-on les bâtiments situés au sommet du Mont-Saint-Michel ?
2. Le Mont-Saint-Michel est-il une île ou une presqu'île ?
3. Comment sont représentés traditionnellement saint Michel et saint Georges ?

A. terrassant un dragon – B. subissant le martyre sur un gril brûlant – C. parlant aux animaux – D. décapité, portant sa tête

4. L'abbaye est construite verticalement sur trois étages. Pouvez-vous dire à quel étage se retrouvent :

A. ceux qui prient – B. ceux qui reçoivent les pèlerins ordinaires et qui s'occupent de les nourrir – C. ceux qui défendent l'abbaye avec leurs armes et la religion par l'étude des textes

34 /

1. Trouvez trois mots pour qualifier l'océan en colère.
2. Au Puy-du-Fou, les habitants jouent chaque soir d'été, pour les touristes, l'histoire des guerres de Vendée. Qui s'affrontait dans cette guerre, à quelle époque ?
3. Que célèbre-t-on tous les 6 juin à Omaha Beach ?
4. Que pêche-t-on sur les côtes bretonnes ?
5. De ces quatre produits agricoles, lesquels ne sont pas cultivés en plein champ en Bretagne ?

le chou-fleur – la pomme de terre – l'orange – la tomate – l'artichaut – l'aubergine

6. Que transporte toujours Obélix, l'inséparable ami d'Astérix, sur son dos ?
7. Les dolmens ou tables en pierre que l'on rencontre en Bretagne ont probablement été édifiés pour :

manger – célébrer les morts – dormir dessous

8. Deux grands peintres de la fin du XIXᵉ ont été liés aux pays de l'Ouest. Lesquels ?

35 /

Poissons ou crustacés
Voici des noms de plats sur des menus. Pouvez-vous dire s'il s'agit de poissons ou de crustacés ?
1. sole normande – 2. homard à l'américaine – 3. turbot braisé – 4. coquilles Saint-Jacques – 5. thon grillé – 6. moules marinières – 7. cabillaud au fenouil – 8. crabe farci – 9. saumon en papillote – 10. langouste Thermidor

36 /

VRAI OU FAUX ? Si vous répondez faux, donnez la bonne réponse.
1. Une crêpe est un chapeau breton.
2. Le homard à l'américaine est en réalité un homard à l'armoricaine.
3. Le calvados est une eau-de-vie de poire.
4. Astérix est breton.
5. Un pardon est une lutte à mains nues où le vainqueur demande pardon au vaincu.
6. Un menhir est une pierre dressée.
7. L'Ouest de la France fut longtemps disputé entre la France et l'Angleterre. Mais c'est aussi de Normandie que Guillaume le Conquérant partit à la conquête de l'Angleterre.

37 /

Choisissez la bonne réponse.
Jeanne d'Arc était (lorraine / dauphinoise). La France était alors occupée par les (Espagnols / Anglais). Sa mission de délivrer la France lui fut donnée par (un messager du roi / des voix surnaturelles). Elle reconnut le roi au milieu de sa cour à (Blois / Chinon). Elle délivra (Orléans / Tours), fut blessée au siège de (Rennes / Paris). Elle fit sacrer Charles VII à (Reims / Lille). Elle fut capturée à Compiègne par les (Anglais / Bourguignons). Elle fut jugée et déclarée (hérétique / ennemie du roi) et mourut à Rouen (brûlée vive / pendue). Elle fut réhabilitée (vingt-cinq / cent vingt-cinq) ans plus tard et canonisée [déclarée sainte par l'Eglise] au (XIXᵉ-XXᵉ) siècle.

La France d'outre-mer

IDENTITÉ

Le terme de France d'outre-mer désigne des territoires très divers, par leur statut administratif, leur superficie, leur population. Ils sont situés :
- dans l'Atlantique, en bordure de la mer des Caraïbes (Antilles françaises) : la Guadeloupe et la Martinique ;
    - en Amérique du Sud, au nord du Brésil : la Guyane française ;
    - dans l'Atlantique Nord, au large du Canada : Saint-Pierre-et-Miquelon ;
    - dans l'Antarctique : les Terres australes et antarctiques françaises ;
    - dans l'Océan Indien : Mayotte, à l'ouest de Madagascar ; la Réunion, à l'est de Madagascar ;
    - dans le Pacifique : la Nouvelle-Calédonie, la Polynésie française, les îles Wallis-et-Futuna.

HISTOIRE

En 1939, l'empire colonial français était formé de colonies et de protectorats, s'étendant à l'Afrique du Nord, à l'Afrique occidentale française (AOF), à l'Afrique équatoriale française (AEF), aux îles de l'océan Indien et au Pacifique, mais également au continent asiatique (Indochine) et au Proche-Orient (Syrie et Liban). En 1946 fut créée l'Union française qui fut remplacée en 1958 par la Communauté, dans laquelle de nombreux territoires acquirent leur indépendance. Dans certains départements ou territoires s'expriment (en 1998) de fortes tendances autonomistes ou indépendantistes (Nouvelle-Calédonie, Polynésie). Il existe actuellement des départements d'outre-mer (DOM), dont l'administration est semblable à celle des régions et départements métropolitains, et des territoires d'outre-mer (TOM), au statut spécial.

PAYSAGES

Les Antilles

- La Guadeloupe est un ensemble de neuf îles, dont deux grandes (Basse-Terre et la Grande-Terre), qui regroupe 390 000 habitants, Noirs, Mulâtres, Indiens, Créoles (Blancs nés aux Antilles) et 8 000 Français de la Métropole. Ce sont des îles volcaniques, montagneuses; Basse-Terre est dominée par le volcan de la Soufrière (1 467 mètres) qui constitue une menace constante. Le climat est chaud et humide, les cyclones y sont fréquents (tous les huit ans en moyenne).

– La Martinique, voisine, présente les mêmes caractères, avec une population de 369 000 habitants, dont 101 000 dans la préfecture, Fort-de-France. Le volcan de la montagne Pelée détruisit en 1902 la ville de Saint-Pierre, faisant 30 000 morts.

L'économie de ces deux départements d'outre-mer (DOM) est essentiellement agricole (canne à sucre – d'où l'on tire aussi le rhum – ananas, banane). Aussi est-elle menacée par la concurrence étrangère : la main-d'œuvre y est quatre fois plus chère que dans les îles voisines, dix fois plus qu'à Haïti... Mais l'une des richesses du pays est due au tourisme, grâce au climat tropical et à la présence de la mer.

Paysage de la Réunion. © E. Christin, dit Clerc

– La Guyane est aussi un département, dont la surface est couverte à 94% par la forêt équatoriale. Sur les 150 000 habitants, les Métropolitains ne constituent que 12% de la population, qui, pour les deux tiers, habite dans les rares villes, dont la préfecture Cayenne (42 000 habitants) et Kourou (14 000 habitants). De 1852 à 1936, la Guyane abrita le bagne de Saint-Laurent-du-Maroni. L'économie de la Guyane repose sur une agriculture peu développée (pêche, bois, fruits), et sur la présence de la base de lancement de satellites de Kourou.

Après l'échec de la fusée Europa (1966-1973), est mis en action le programme européen Arianespace, opérationnel depuis 1982. La fusée Ariane 1 (47,70 mètres de haut) peut placer 1,85 tonne en orbite; Ariane 2 et 3 peuvent placer deux satellites de 1,25 tonne en orbite. Ariane 4, utilisée jusqu'en 1998, avec 58,40 mètres de hauteur, peut placer jusqu'à 4,5 tonnes en orbite. Ariane 5, dont les essais sont en cours en 1998, mesure 57 mètres de haut, et pourra placer 23 tonnes en orbite basse et 10 tonnes en orbite polaire. Plus de 120 tirs ont déjà été effectués de Kourou.

Dans l'Atlantique Nord

— Saint-Pierre-et-Miquelon

Situé à 25 km au sud de Terre-Neuve, cet archipel de huit îles, de 242 km², a une population de 6 600 habitants. Il a été depuis le XVIe siècle tantôt anglais, tantôt français. C'est une «collectivité territoriale» (l'équivalent administratif d'un département) avec un conseil général et un préfet, un député et un sénateur. Sa capitale est Saint-Pierre. L'économie est dominée par la pêche (morue et saumon). Le tourisme commence à s'y développer. En 1993 a été créé un centre de francophonie.

Les îles de l'océan Indien

– Mayotte, centre d'un archipel de 100 000 habitants est une collectivité territoriale, dirigée par un préfet et un conseil général, où l'on vit essentiellement de la pêche, de l'agriculture et du tourisme.

Un marché à La Réunion.
© E. Christin, dit Clerc

Pagode à la Réunion.

– La Réunion (département d'outre-mer) à l'est de Madagascar regroupe près de 650 000 habitants. C'est – sous le nom d'île Bourbon – une possession française depuis 1642. C'est une île volcanique, dont le sommet, le Piton des Neiges, volcan en activité, atteint 3 069 mètres, au climat tropical tempéré, avec une flore particulièrement riche. Son économie repose sur l'agriculture, la pêche et le tourisme.

Les îles du Pacifique

– La Nouvelle-Calédonie est un territoire d'outre-mer, doté d'un statut de semi-autonomie, situé à 1 800 km à l'est de l'Australie, dans la mer de Corail. C'est un archipel, dont l'île principale (Grande-Terre, 400 km sur 40, 147 000 habitants) a pour chef-lieu Nouméa (65 000 habitants). Le climat est semi-tropical tempéré. La population (164 000 habitants en 1989) est formée presque pour moitié par les indigènes Mélanésiens (Canaques), qui comptent plus de 300 tribus.

La richesse de l'île réside en partie dans son agriculture, dans l'exploitation du nickel (20% des réserves mondiales), et dans le tourisme, qui se développe rapidement, favorisé par des paysages d'une exceptionnelle beauté.

Après de très graves troubles politiques, la Nouvelle-Calédonie s'est vu reconnaître le droit à l'autodétermination (référendum de 1998).

A 2 500 km à l'est de la Nouvelle-Calédonie, le territoire de Wallis-et-Futuna, îles au climat et à la végétation tropicaux, regroupe 15 000 habitants.

– La Polynésie française, au centre du Pacifique Sud, est formée de 118 îles et atolls, dispersés sur une surface égale à dix fois celle du territoire de la France métropolitaine (5,5 millions de km^2), avec 216 000 habitants, dont 165 000 indigènes (Polynésiens). C'est un territoire d'outre-mer, doté d'un statut de semi-autonomie. L'archipel le plus connu est celui des Iles-du-vent, où se trouvent l'île de Tahiti et la capitale du territoire (Papeete, 115 000 habitants). L'agriculture fournit essentiellement le «coprah» (noix de coco), la vanille, le café, les fleurs tropicales. Une culture originale est celle des huîtres perlières. De 1963 à 1987, l'archipel des Tuamotu a abrité, à Mururoa, le Centre expérimental d'essais nucléaires militaires.

Les Terres australes et antarctiques françaises (Terre-Adélie, îles Crozet, Kerguélen, Amsterdam) sont seulement des bases scientifiques où résident, en tout, 120 permanents, et où séjournent régulièrement des expéditions.

En Polynésie sont enterrés quatre hommes célèbres à différents titres : Alain Gerbault, le troisième à avoir accompli le tour du monde en solitaire à la voile en 1923-1924 ; le chanteur Jacques Brel ; l'explorateur polaire Paul-Emile Victor, et le peintre Paul Gauguin qui y vécut de 1891 à 1903.

PARLÉ, ÉCRIT

Dans les Dom-Tom, la langue officielle est évidemment le français, qui n'a pas supprimé les langues ou parlers locaux; comme le «créole» aux Antilles, et à la Réunion, le tahitien en Polynésie, et… 28 langues locales en Nouvelle-Calédonie. A la Réunion est né le grand poète parnassien Leconte de Lisle (1818-1894). Aimé Césaire, poète et auteur de théâtre, et le romancier Patrick Chamoiseau (Prix Goncourt en 1992) ont tous deux célébré leur pays natal, les Antilles.

Quelques lignes du navigateur Alain Gerbault (1893-1941)
Atuana (Iles Marquises)

«Sur une plage de sable noir volcanique, des brisants déferlaient avec bruit. La végétation surpassait de beaucoup celle des îles visitées lors de ma première escale : manguiers gigantesques, cocotiers, orangers et fruit à pain. Cachés par le feuillage et disséminés le long de la vallée sur les bords d'un petit ruisseau qui traversait le village, se trouvaient les habitations des indigènes à proximité de leurs plantations. Là, dans une cabane maintenant envahie par la brousse, avait vécu et était mort Gauguin.»

A la poursuite du soleil, Grasset, 1929

EXERCICES

38 /

Où se trouvent les villes ou territoires ou personnes suivantes dont vous donnerez le nom?

1. la grande base française de lancement de satellites – 2. les belles vahinés (jeunes femmes) célébrées par un grand peintre – 3. des terres, où n'habitent que des scientifiques en mission – 4. 20% des réserves mondiales de nickel – 5. des îles où il fait bon vivre malgré la présence de volcans en activité – 6. un centre de pêche à la morue – 7. les tribus canaques – 8. des bananeraies et des plantations de canne à sucre – 9. la patrie du poète Leconte de Lisle

39 /

Connaissez-vous d'autres pays d'Europe qui ont, comme la France, des possessions outre-mer?

40 /

Et dans votre pays?
1. Quelles sont les plus grandes richesses naturelles?
2. Que représente pour vous l'image idéale des vacances?

EXERCICES DE RAPPEL

41 /

1. Quel pourcentage de la population mondiale représente la population de la France ?

0,01 % – 0,1 % – 1 % – 11 %

2. La France est un des pays les plus riches du monde :

le troisième – le quatrième – le cinquième – le sixième

3. Classer par ordre décroissant de leur importance les religions suivantes en France :

bouddhiste – catholique – juive – musulmane – protestante

4. Trouvez parmi les dix plus grandes agglomérations françaises suivantes les 4 premières :

Bordeaux – Brest – Lille – Lyon – Marseille – Nice – Paris – Saint-Etienne – Toulouse

5. Quelle proportion de la France est recouverte de forêt ?

un vingtième – un dixième – un cinquième – un quart

6. Combien y a-t-il de kilomètres de côtes en France ?

700 kilomètres environ – 1 700 kilomètres environ – 2 700 kilomètres environ – 10 700 kilomètres environ

7. La France a autant de communes que onze des quinze pays de l'Union européenne réunis, c'est-à-dire ?

près de 12 000 – près de 24 000 – près de 36 000 – près de 48 000

8. La France est le premier exportateur en Europe de certains produits. Lesquels ? :

électricité – produits agricoles – vins d'appellation contrôlée – eaux minérales – automobiles – réfrigérateurs – locomotives – soja – appareils photographiques

9. Vers quel pays la France exporte-t-elle le plus ?

les Etats-Unis – la Russie – l'Allemagne – la Grande-Bretagne

42 /

Paysages de France : l'eau

1. Placez les mots de la liste suivante en deux colonnes :
– colonne 1 : mots qui se rapportent à l'eau douce ;
– colonne 2 : mots qui se rapportent à la mer et aux côtes maritimes.

> un étang – un torrent – une falaise – une mare – un îlot – un lac – un fleuve – un promontoire – un marais – un delta – un golfe – un ruisseau – un phare – un océan – une calanque – une baie – une rivière – un marécage – une presqu'île – une rade – un archipel

2. Quelle différence y a-t-il entre une rivière et un fleuve?

43 /

Le relief
Complétez les phrases suivantes en utilisant les termes de la liste ci-dessous.

> le glacier – le mont – le plateau – la pente – le sommet – les Jeux olympiques – la chaîne

1. Le ...... Blanc est le plus haut ...... d'Europe à 4 807 mètres.
2. Nous avons dû mettre des crampons (ensemble de crochets que l'on place sous les chaussures) pour traverser le ....
3. A Val-d'Isère, la piste noire nous a conduits sur une ...... très raide.
4. Le Vercors, qui est un ...... à environ 1 000 mètres d'altitude, est un cadre idéal pour faire du ski de fond.
5. Les Pyrénées forment une ...... de montagnes de 350 kilomètres de longueur.
6. En 1924 à Chamonix, en 1968 à Grenoble et en 1992 à Albertville ont eu lieu les ...... d'hiver.

44 /

Associez termes et définitions :

> 1. le bois – 2. le puy – 3. le maquis – 4. la garrigue – 5. le bocage – 6. la plaine – 7. le causse.

> A. espace couvert d'arbres – B. terrain couvert de végétation méditerranéenne en Corse – C. terrain pierreux calcaire dans le Midi méditerranéen – D. plateau calcaire dans le sud du Massif central – E. étendue de pays plat ou presque plat – F. terrain formé de prés coupés de haies – G. un volcan éteint

45 /

Cultures et produits de la table
Associez cultures et produits.

> produits : A. salades – B. huîtres – C. pommes – D. pommes de terre – E. abeilles – F. poires – G. oliviers – H. poissons – I. fleurs – J. bois

> cultures : 1. horticulture – 2. ostréiculture – 3. sylviculture – 4. culture maraîchère – 5. oléiculture – 6. pisciculture – 7. floriculture – 8. apiculture

46 /

1. A quelle époque ont été construits la plupart des monuments romains en France ?
2. Citez cinq types de monuments construits par les Romains.
3. Citez deux églises romanes et trois cathédrales gothiques.
4. Voici quatre châteaux de la Renaissance : en vous aidant des quelques informations suivantes, pouvez-vous trouver leur nom ?
1. Amboise – 2. Chambord – 3. Chenonceaux – 4. Villandry
Les informations :
A. Ce château est très célèbre pour ses jardins – B. Ce château est le plus grand et a, dit-on, 365 fenêtres – C. Il enjambe élégamment le Cher – D. Il domine la Loire
5. Qui a fait construire le château de Versailles ?
6. Quel est l'emblème de Louis XIV ?
7. De quel siècle date l'arc de triomphe de l'Etoile ?
8. Pour quelle manifestation mondiale le Stade de France a-t-il été construit ?

47 /

Associez édifices et cultes.

édifices : église – monastère – mosquée – cathédrale – temple – synagogue – chapelle – abbaye

cultes : catholique – protestant – juif – musulman – bouddhiste

48/

L'été en France est la période privilégiée de grandes animations touristiques et culturelles. Trouvez la définition des mots suivants :

1. bal populaire – 2. exposition – 3. corrida – 4. feria – 5. festival – 6. foire

49 /

Vous êtes au restaurant et vous avez choisi le plat régional. Dans quelle ville ou quelle région êtes-vous ?

1. une crêpe fourrée – 2. une quiche – 3. un gratin de pommes de terre – 4. un cassoulet – 5. une fondue au fromage – 6. un bœuf bourguignon et une tarte Tatin – 7. une bouillabaisse – 8. une potée – 9. une choucroute arrosée de Traminer – 10. une omelette aux tomates et aux poivrons – 11. une quenelle en sauce et un saucisson chaud – 12. un confit d'oie

50 /

Quelle ville surnomme-t-on :

1. la Ville rose – 2 – la porte de l'Orient – 3. la capitale des Gaules – 4. la Ville lumière

51 /

A quelle région sont plus particulièrement liées les œuvres des écrivains suivants :

1. Honoré de Balzac – 2. George Sand – 3. Guy de Maupassant – 4. Jean Giono – 5. François Mauriac

52 /

Associez peintres du XIXe et XXe siècle, titres de tableaux et lieux, sites ou paysages.

peintres : 1. Cézanne – 2. Degas – 3. Dufy – 4. Matisse – 5. Monet – 6. Van Gogh – 7. Courbet – 8. Picasso – 9. Gauguin

tableaux : A. *Ma chambre à Arles* – B. *La cathédrale de Rouen* – C. *La jetée, promenade à Nice* – D. *Ta Matete. Le marché à Tahiti* – E. *La montagne Sainte-Victoire* – F. *Porte-fenêtre à Collioure* – G. *Le foyer de la danse à l'Opéra* – H. *Un enterrement à Ornans* – I. *Les Demoiselles d'Avignon*

Corrigé des exercices

1 /

1d – 2d – 3d – 4g – 5d – 6 ni g, ni d : c'est l'île de la Cité, reliée aux deux rives par des ponts, dont le Pont Neuf – 7g – 8g – 9d – 10g

2 /

1. Le Pont-Neuf est le plus ancien pont de Paris, (1578-1604) ; il a résisté depuis quatre cents ans à toutes les crues de la Seine.

2. Non. Elle a été construite après Saint-Denis (située dans l'actuel département de Seine-Saint-Denis), commencée en 1136 et terminée en 1281, et Notre-Dame, commencée en 1163.

3. 1 134 scènes, qui couvrent 618 m².

4. Notre-Dame n'a été achevée que vers 1345. Il a donc fallu près de 180 ans pour la construire. Elle a été restaurée au XIXᵉ siècle (1841-1864).

5. Les trois portails sont, à gauche en regardant la cathédrale, celui de la Vierge ; au centre celui du Jugement Dernier, qui représente la résurrection des morts et la « pesée des âmes », avec les élus qui sont au ciel, à la droite du Christ, et les damnés entraînés en enfer par les démons, à la gauche du Christ. Les sculptures du troisième portail, celui de Sainte-Anne, sont les plus anciennes.

6. Construit entre 1671 et 1675, l'Hôtel des Invalides devait accueillir les soldats blessés « invalides » (infirmes qui ne peuvent plus assurer leur service). Il abrite de nos jours l'un des plus riches musées d'histoire militaire du monde. Au centre, l'église du Dôme abrite les tombeaux de généraux illustres (Turenne, Lyautey, Foch… et Napoléon Iᵉʳ).

7. Les révolutionnaires, en 1793, pensaient que c'étaient des statues de rois.

8. Louis XVI et Marie-Antoinette ont été tous deux emprisonnés à la prison du Temple, ainsi que leurs enfants, après la journée révolutionnaire du 10 août 1792. Le roi fut guillotiné le 21 janvier 1793. La reine, prisonnière à la Conciergerie en août 1793, fut guillotinée en octobre 1793.

3 /

A. 1/D – 2/C – 3/E – 4/A – 5/B
B. 1/D – 2/A – 3/B – 4/E – 5/C

4 /

1. L'Ecole polytechnique.
2. L'Ecole des Mines.
3. L'Ecole des hautes études commerciales (HEC).
4. L'Ecole nationale d'administration (ENA), en partie « délocalisée » à Strasbourg.
5. Saint-Cyr, transférée depuis 1945 en Bretagne (Coëtquidan).
6. L'Ecole normale supérieure, qu'on appelle aussi la « Rue d'Ulm ».

5 /

Le roi a été reçu par le président de la République. Le premier ministre (…)
Le ministre de l'Intérieur ira au ministère de l'Education nationale – Le
ministère des Finances (situé quai de Bercy) – Le ministère des Affaires
étrangères – Le Sénat…

6 /

– *Le Figaro, Le Monde, Les Echos* (journal financier), *L'Equipe* (journal de
sport).
– *Le Point, L'Express, Le Nouvel Observateur, Le Canard enchaîné* (journal
satirique)…

7 /

Non, il dut partir sous la pression de milliers de Parisiens, qui, manquant de
pain, voulaient avoir près d'eux « le boulanger, la boulangère et le petit
mitron », c'est-à-dire le roi, la reine et le Dauphin. Ils envahirent le palais de
Versailles – où des gardes furent tués – les 5 et 6 octobre 1789.

8 /

Œuvres littéraires : *Notre-Dame de Paris* (de Victor Hugo, 1831) – *Les
Mystères de Paris* (d'Eugène Sue, 1842) – *Le Paysan de Paris* (roman de
Louis Aragon, 1925) – *Le Spleen de Paris* (poèmes en prose de Baudelaire,
1869).
Films : *Paris brûle-t-il ? – Dernier tango à Paris*…
Chansons : A Paris (Yves Montand) – Paris s'éveille (Jacques Dutronc)…

9 /

céder le château au roi – le grand jardin – une galerie – décore – une famille
privée

10 /

les murs sont moins épais – les fenêtres sont plus grandes – les escaliers sont
plus larges (on peut y faire monter un cheval !) – les toits, pointus, s'ornent
de cheminées décorées, comme à Chambord – les façades reçoivent des
ornements – on plante de vastes jardins avec des arbres et des fleurs.

11 /

une usine – locomotives – inventé – se développe – chiffre d'affaires

12 /

1/D – 2/C – 3/B – 4/E – 5/H – 6/A – 7/F – 8/G

14 /

Par leur gentillesse, leur sens de l'amitié et de l'entraide, leur absence de
prétention et leur générosité. Les gens du Nord sont accueillants, ils aiment
les fêtes – carnavals et surtout kermesses qu'on appelle « ducasses » –
comme dans les Flandres.

15 /

1. Le Parlement européen qui siège également à Luxembourg et à Bruxelles ; le Conseil de l'Europe qui donne les orientations de la politique générale de l'UE.
2. En 1957.
3. Il représente les 15 pays que compte actuellement l'Union européenne : la France, la Belgique, l'Italie, les Pays-Bas, le Luxembourg, l'Allemagne, la Grande-Bretagne, l'Irlande, le Danemark, la Grèce, l'Espagne, le Portugal, l'Autriche, la Finlande et la Suède. 12 étoiles d'or à 5 branches sur fond bleu représentent les pays de l'UE, quel que soit leur nombre.
4. C'est la future monnaie européenne qui se mettra en place à partir de 2002 pour les pays de l'Union qui respectent les « critères de convergence » : c'est-à-dire une hausse limitée du coût de la vie, une monnaie stable, des taux d'intérêt modérés, des finances publiques saines.

16 /

La France a été souvent envahie par le Nord et l'Est : par les Anglais au Moyen Age (guerre de Cent Ans), les Espagnols au XVIIe siècle, les Alliés opposés à la Révolution et à Napoléon (Prussiens, Autrichiens, Anglais, Russes), les Prussiens en 1870, les Allemands en 1914 et 1940…
Pendant la Première Guerre mondiale (Grande Guerre), la France était alliée de l'Angleterre, de l'Italie et de la Russie contre l'Allemagne et l'Autriche.

17 /

La présence de charbon et de minerai de fer, une main-d'œuvre abondante, la facilité des communications (canaux, chemins de fer). Actuellement, le charbon est de moins en moins exploité, les aciéries produisent moins, l'industrie textile est concurrencée par les pays d'Extrême-Orient.

18 /

La bière se fabrique essentiellement à partir de l'*orge* fermenté et du *houblon*. Les Gaulois connaissaient déjà la bière (sans houblon) qu'ils appelaient « cervoise ».

19 /

Les cathédrales gothiques sont plus grandes et plus hautes que les cathédrales romanes (Amiens a une nef de 42,50 mètres de haut) grâce à la croisée d'ogives (qui remplace la voûte « en plein cintre » romane). Les murs, soutenus par des arcs-boutants, ont des ouvertures plus grandes, avec des vitraux ; la cathédrale est plus claire, plus lumineuse, ce qui permet des ornements intérieurs (peintures, sculptures…).

20 /

1. Grelibre – 2. 2 – 3. « Lyon fit la guerre à la liberté, Lyon n'est plus » – 4. Le sommet du Mont-Blanc est français – 5. Il fut conquis en 1786 par le docteur Paccard et le guide Jacques Balmat, puis en 1787 par H.B. de Saussure – 6. Le lac Léman, appelé aussi lac de Genève, avec la Suisse –

7. Chambéry est française depuis 1860 – 8. Evian/Besançon – 9. Les rames du TGV sont construites à Belfort et à La Rochelle.

21 /

1. Le lion, le dinosaure, le chat, l'aigle.

2. Saint-Emilion (Bordelais) ; Châteauneuf-du-Pape (Côtes du Rhône)

3. Un harpon (qui sert à attraper des poissons) et, dans une moindre mesure, la bouteille de cognac, qui peut être utilisée pour se réchauffer mais avec modération !

L'alpiniste se sert :

– d'une corde (il forme une « cordée » avec ses compagnons),

– d'un piolet et de crampons pour la glace,

– d'un mousqueton, pour relier une corde à un piton ou s'attacher,

4. La randonnée équestre (qui se pratique à cheval) et le parachutisme.

5. Un réacteur nucléaire. En France, plus de 80 % de l'énergie est d'origine nucléaire. EDF (Electricité de France) a eu, jusqu'en 1998, le monopole d'Etat de la production et de la distribution d'électricité en France.

6. C'est la charcuterie qui est la spécialité de Lyon et non la noix, spécialité de Grenoble.

23 /

1. C'est le nom de la région « Provence-Alpes-Côte d'Azur ». La Communauté européenne (l'Union européenne aujourd'hui) en 1972 a souhaité que tous les pays de l'union soient divisés en unités comparables d'un pays à l'autre. « Paca » est l'une des plus importantes régions de France, après l'Ile-de-France et Rhône-Alpes.

2. Marseille, troisième ville de France, Nice, Toulon, Avignon, Montpellier, Perpignan…

3. Cette région était celle qui leur rappelait le plus l'Algérie, à cause de son climat et de sa végétation. Les Français d'Algérie avaient aussi le sentiment d'être plus près de leur ancienne patrie.

24 /

1. Vrai : c'est la commune de Saint-Véran – 2. Vrai – 3. Faux : « oc » dans le Sud, « oïl » dans le Nord – 4. Faux : ce sont des criques, des petites baies rocheuses. Les mollusques sont les seiches – 5. Faux : par les Grecs au VIe siècle avant J.-C. – 6. Vrai – 7. Faux : c'est la moins peuplée, avec 260 000 habitants – 8. Faux : c'était au Moyen Age une hérésie religieuse visant une pureté absolue des mœurs. Mais le rhume s'appelle aussi un « catarrhe », avec une orthographe différente.

25 /

La Corse est appelée l'île de beauté ; les touristes, venus du continent par bateau, découvrent au fond de son golfe Ajaccio, ville natale de Napoléon. Ils apprécient ses paysages sauvages, le maquis, et ses plages de sable fin. Prosper Mérimée, au XIXe siècle, a fait connaître l'île dans sa nouvelle *Colomba*. De nos jours, la Corse, qui revendique son autonomie politique, a pour principale ressource le tourisme.

26 /

Nîmes/arènes et Maison Carrée (temple), aqueduc (Pont du Gard) – Arles/arènes, théâtre – Orange/arc de triomphe, théâtre – Saint-Rémy-de-Provence/monument funéraire.

27 /

D'abord en Italie, mais aussi en Espagne, en Angleterre, en Suisse, en Allemagne...

29 /

1. Les Pyrénées.
2. Saint-Jacques-de-Compostelle. La marque des chemins est la coquille Saint-Jacques
3. Lourdes. La petite bergère de 14 ans, Bernadette Soubirous, à qui la Sainte Vierge apparut, fut canonisée (sainte Bernardette) en 1933.
4. Ils espèrent un miracle, ils espèrent la guérison ou tout simplement ils sont heureux de se retrouver dans ce haut lieu et de prier ensemble.
5. Les potocks, de petits chevaux très robustes.
6. Les rhumatismes, l'excès de poids, les bronchites, les maladies respiratoires, etc. Mais on fréquente aussi les stations thermales pour se détendre et se remettre en forme, ou suivre une cure anti-tabac.
7. Pendant les mois où il fait chaud (mai, juin, juillet, août), les huîtres supportent mal le transport.
8. Parce que ce sont des champignons très rares et très recherchés et qui par conséquent coûtent très cher (plus de 2 000 francs le kilo, au moins).
9. Un béret basque. Ce béret n'est presque plus porté aujourd'hui, sauf dans le Sud-Ouest... et par certains militaires (parachutistes, troupes alpines).
10. Devant le château de Montségur, à 1 200 mètres d'altitude.

30 /

1/B – 2/A – 3/C mais se dit aussi du museau d'un chien – 4/A – 5/A et B. La montagne fut à la mode chez les écrivains à l'époque préromantique et romantique (1780-1840).

31 /

1. C'est un Médoc, région située au nord-ouest de Bordeaux – 2. Il est trop tôt pour le dire ! En principe, c'est une bonne année – 3. Château Prieuré Lichine. C'est une société anonyme – 4. 12,5° – 5. Vin de propriétaire, mis en bouteille au domaine – 6. Les grands vins du Médoc sont classés en cinq catégories, de premier cru au cinquième cru. Les autres vins, non classés, sont appelés « crus bourgeois ». – 7. C'est un numéro de contrôle. Les crus classés ne peuvent produire qu'une quantité limitée de bouteilles.

33 /

1. La Merveille.
2. Lorsque la marée est haute, le Mont est une île de 60 mètres de haut mais aujourd'hui, il est menacé d'ensablement.

3. Tous deux sont représentés terrassant le dragon (le mal).

4. L'accueil des pèlerins se fait en bas (B) ; au-dessus se trouvent la salle des Chevaliers, le cloître et le réfectoire (C) ; tout en haut l'église de l'abbaye (A), dont la flèche s'élève à 150 mètres au-dessus de la mer.

34 /

1. La tempête, l'ouragan, le gros temps, l'océan démonté, déchaîné.

2. Les Bleus (partisans de la République) et les Blancs (royalistes), à l'époque de la Révolution (1792-1800).

3. Le débarquement des troupes américaines sur cette plage, le 6 juin 1944, qui fit 3 000 morts.

4. La sole, le turbot, les coquilles Saint-Jacques, le homard, la langouste.

5. La tomate, l'orange, l'aubergine (cultivée dans le Midi).

6. Un menhir (grosse pierre). Les aventures humoristiques d'Astérix le Gaulois sont racontées dans une célèbre bande dessinée.

7. Célébrer les morts.

8. Gauguin, autour duquel s'était formée « l'Ecole de Pont-Aven » et Monet qui peignit la cathédrale de Rouen à toutes les saisons et à toutes les heures du jour.

35 /

Poissons : sole, turbot, thon, cabillaud, saumon
Crustacés : homard, coquilles Saint-Jacques, moules, crabe, langouste

36 /

1. Faux : c'est une galette composée de lait, de farine et d'œufs – 2. Vrai : l'Armor est le pays de la mer – 3. Faux : c'est une eau-de-vie de pommes – 4. Vrai – 5. Faux : c'est un pèlerinage où l'on vient demander pardon pour ses fautes – 6. Vrai – 7. Vrai

37 /

lorraine / Anglais / voix surnaturelles / Chinon / Orléans / Paris / Reims / Bourguignons (alliés des Anglais, ils disputaient le trône de France à Charles VII)/ hérétique / brûlée vive – vingt-cinq ans – canonisée en 1920 – sa fête est célébrée le deuxième dimanche de mai.

38 /

1. Kourou est en Guyane, au nord du Brésil.

2. En Polynésie française, dans le Pacifique sud.

3. En Antarctique (Terre Adélie ou Kerguelen par exemple).

4. En Nouvelle-Calédonie, dans le Pacifique.

5. Les îles de la Martinique et de la Guadeloupe font partie des Antilles françaises.

6. Saint-Pierre et Miquelon.

7. En Nouvelle-Calédonie.

8. Aux Antilles françaises.

9 . L'île de la Réunion.

39 /

L'Espagne (îles Canaries), le Portugal (les Açores, îles du Cap-Vert), le Royaume-Uni (îles de Trestan da Cunha dans l'Atlantique, Anguilla dans les Antilles, les îles Falkland ou Malouines), la Norvège (le Spitzberg), le Danemark (le Groenland, les îles Feroé), les Pays-Bas (Antilles néerlandaise)…

41 /

1. 1 % – 2. Le quatrième – 3. Catholique, musulmane, protestante, juive, bouddhiste – 4. Paris, Lyon, Marseille, Lille – 5. un quart – 6. 2 700 kilomètres environ – 7. Près de 36 000 – 8. La France, premier exportateur en Europe d'électricité, de produits agricoles, de vins d'appellation contrôlée, d'eaux minérales – 9. L'Allemagne

42 /

1. colonne 1 : l'eau douce stagnante (qui ne bouge pas ou peu) : un étang, une mare, un lac, un marais, un marécage – l'eau douce qui court : un torrent, un fleuve, un ruisseau, une rivière.
colonne 2 : la mer et les côtes maritimes : une falaise, un îlot, un promontoire, un delta, un golfe, un phare, une calanque, une baie, une presqu'île, une rade, l'archipel.
2. La rivière se jette dans une autre rivière ou un fleuve, le fleuve se jette dans la mer.

43 /

1. Le mont Blanc, sommet – 2. Le glacier – 3. Une pente – 4. Un plateau – 5. Une chaîne de montagnes – 6. Les Jeux olympiques.

44 /

1/A – 2/G – 3/B – 4/C – 5/F – 6/E – 7/D

45 /

1/C.F.I. – 2/B – 3/J – 4/A et D – 5/G – 6/H – 7/I – 8/E

46 /

1. Entre le Ier siècle avant J.-C. et le IIIe siècle après J.-C.
2. Théâtres, amphithéâtres, aqueducs, cirques, arcs de triomphe, arènes, thermes, temples, forums, etc.
3. Eglises romanes : le Puy, Vézelay, Conques, Toulouse, etc. ; églises gothiques : Notre-Dame de Paris, Chartres, Bourges, Strasbourg, la Sainte-Chapelle, Reims, etc.
4. 1/D – 2/B – 3/C – 4/A
5. Le roi Louis XIV
6. Le soleil
7. Du XIXe siècle (1806-1836)
8. Pour la coupe du monde de football en 1998

47 /

Culte catholique : église, monastère, cathédrale, chapelle, abbaye – culte protestant : temple – culte juif : synagogue – culte musulman : mosquée – culte bouddhiste : temple

48 /

1. Fête où l'on danse, généralement sur une place ou dans la rue, comme au 14 juillet pour la Fête nationale.
2. Présentation publique d'œuvres d'art.
3. Course de taureaux se déroulant dans les arènes, à Nîmes ou Arles par exemple.
4. Fête annuelle avec animations populaires et courses de taureaux.
5. Festival : grande manifestation artistique (musique, danse, cinéma comme à Cannes).
6. Foire : grand marché public qui se tient une fois par mois. Il y a aussi la foire-exposition ou Salon (salon de l'automobile, salon du livre, etc.)

49 /

1 En Bretagne – 2. En Lorraine, dans l'est de la France – 3. Dans le Dauphiné (Grenoble) – 4. Dans le Sud-Ouest (Toulouse) – 5. Dans les Alpes – 6. Dans le centre de la France, en Bourgogne – 7. Au bord de la Méditerranée (Marseille) – 8. Au Nord-Est, en Lorraine – 9. En Alsace – 10. Au Pays Basque – 11. A Lyon – 12. Dans le Sud-Ouest, en Dordogne.

50 /

1. Toulouse – 2. Marseille – 3. Lyon – 4. Paris

51 /

1. la Touraine – 2. le Berry – 3. la Normandie – 4. la Provence – 5. les Landes

52 /

Cézanne : E – Degas : G – Dufy : C – Matisse : F – Monet : B – Van Gogh : A – Courbet : H – Picasso : I – Gauguin : D

GLOSSAIRE

Nous n'avons pas donné de traduction pour les mots trop particuliers (andouillette, bocage...), ou qui se reconnaissent immédiatement dans une langue étrangère (autonomiste, delta...).

Agglomération : ensemble constitué par une ville et ses banlieues.

Andouille; **andouillette** : charcuterie à base de boyaux (intestin) de porc ou de veau. Dans la langue familière, une «andouille» est une personne stupide, faible d'esprit.

Autonomiste : partisan de l'autonomie accordée à des institutions en partie indépendantes du pouvoir central. La revendication autonomiste est forte en Corse, mais existe aussi au Pays Basque et en Bretagne.

Baguette : pain allongé de 300 à 400 grammes, qui a remplacé au XXe siècle la «boule» traditionnelle, les Français mangeant de moins en moins de pain.

Balnéaire : qui se rapporte aux bains de mer. [Seebad – seaside resort – balneario]

Banlieue : étymologiquement, territoire d'une lieue (3 km) autour d'une ville, et sur lequel s'exerçait le pouvoir de la cité. Moderne : communes voisines d'une ville. Le «faubourg» est un quartier situé aux limites de la ville. [Vorort – suburbs – arrabal – periferia]

Bassin : territoire arrosé par un fleuve et ses affluents (bassin de la Loire) ou ensemble géographique ayant une unité (Bassin parisien). Groupement de gisements de charbon ou de minerais (bassin de Lorraine). Le «bassin d'Arcachon» forme une petite mer intérieure sur la côte sud de l'Atlantique. [Becken – basin – cuenca – bacino]

Béret : coiffure de laine, ronde et plate, usuelle au Pays Basque et dans le Sud-Ouest, devenue, avec la «baguette», l'emblème du Français moyen vu par les étrangers. [Baskenmütze – boina – basco]

Bocage : forme de paysage composé de prés séparés par des haies ou des levées de terre plantées d'arbres (bocage normand).

Bouter : vieux français «pousser», «refouler». Mot utilisé par Jeanne d'Arc, qui voulait «bouter» les Anglais hors de France pendant la guerre de Cent Ans.

Causse : plateau calcaire. Les Causses forment une région située au sud du Massif central, célèbre par son fromage «bleu» au lait de brebis (Roquefort). [meseta]

Cirque : ensemble de falaises en demi-cercle. [circo]

Collectivités territoriales : divisions administratives ayant des pouvoirs propres : communes (36 772), départements (100), régions (26). Les communes peuvent se regrouper en «communautés de communes»; les départements sont subdivisés en arrondissements et cantons.

Colombage : charpente de bois, souvent colorée en rouge, apparente sur le mur d'une maison. On trouve des maisons à colombage au Pays Basque, en Normandie, en Alsace. [Fachwerkbau – half timbering – viguería – case a graticcio]

Colonnade : rangée de colonnes (colonnade du Louvre). [Säulengang – colonade – columnata – colonnato]

Crèche : représentation de l'étable où est né le Christ à Bethléem, que l'on installe dans l'église au moment de Noël. [Krippe – christmas crib – nacimiento de cristo – presepio]

Décentralisation : politique qui accorde de larges pouvoirs aux collectivités territoriales, en particulier en matière d'aménagement du territoire. La «déconcentration» consiste simplement à donner une certaine autonomie aux agents du pouvoir central et aux organismes dont ils dépendent.

Découpure(s) : forme très sinueuse d'une côte rocheuse. [buchtige Küste – indentations – entrante(s) de la costa – frastaglio]

Délocaliser : installer ailleurs qu'à Paris une administration ou un organisme d'Etat (l'ENA a été partiellement délocalisée à Strasbourg). Pour l'industrie : changer l'emplacement d'une usine, d'un site de production...

Delta : portion de terrain en forme de triangle (comme la lettre grecque Delta majuscule), à l'embouchure d'un fleuve (delta du Rhône).

Donjon : tour principale, la mieux défendue, d'un château fort. [Wachtturm – keep – torre del homenaje – mastio]

Embouteillage : ralentissement ou arrêt de la circulation routière (on dit aussi «bouchon»). [Stau – traffic jam – embotellamiento – ingorgo]

Enchères (vente aux) : forme de vente publique, dans laquelle chacun peut offrir un prix supérieur au prix de départ ou à ceux que proposent les autres acheteurs. Ce type de vente se fait, par exemple, pour le poisson ou les fleurs, dans les marchés de «gros» : ce sont les «criées». [Auktion – auction sale – subasta – vendita all'asta]

Estuaire : embouchure très élargie d'un fleuve (l'estuaire de la Garonne est la Gironde). [Mündung – estuary – estuarlo – estuario]

Francilien : habitant de l'Ile-de-France.

Galère : les galères étaient des bâtiments de guerre où ramaient les condamnés (galériens). La «galère», «galérer», c'est donc mener une vie très difficile.

Garrigue : terrain pierreux, calcaire et aride, avec une végétation rare, dans les régions méditerranéennes. Voir aussi «maquis».

Gave : torrent ou rivière des Pyrénées.

Girondin : partisan d'une politique d'autonomie provinciale, ou au moins d'une large décentralisation régionale. Pendant la Révolution, entre 1791 et 1793, ceux qui voulaient faire de la France un état fédéral s'étaient regroupés autour des députés de la Gironde (Bordeaux), contre les «Jacobins», qui firent guillotiner la plupart d'entre eux.

Gisement : terrain riche en minerai ou en charbon (voir bassin) [Lager – (coal) field – yacimiento – giacimento]